國小 數學 四年級
思考與推理

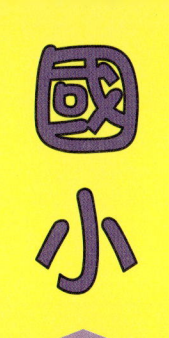

50道生活化趣味化的建構反應題，強化小學生的數學素養及促進學習

五南圖書出版公司 印行

鍾靜 總策劃
鍾靜 胡錦芳 合著

建構反應題的題型引導學童思考與推理

國立臺北教育大學數學暨資訊教育學系教授　鍾靜

　　建構反應題（Constructed Response Item [CRI]）源自國際的大型測驗，包括國際教育成就評量學會的「國際數學與科學成就趨勢調查」（Trends in International Mathematics and Science Study [TIMSS]），以及美國國家教育統計中心的「國家教育進展評測」（National Assessment of Educational Progress [NAEP]），這些測驗除了選擇題外，都以大幅度的**建構反應題**來評量學童的溝通、推理和連結能力，並瞭解他們對數學知能的理解和應用能力。

　　反觀我國各縣市的國小數學基本學力檢測大都以選擇題來進行施測，只有臺北市於96學年度起每年增加6題**建構反應題**抽測六年級學童，自103學年度開始以2題進行普測五年級學童，但110學年度起限於閱卷人力改為1題；新北市自102學年度起每年增加2題**非選題**普測五年級學童，此非選題就是建構反應題，並自106學年度起每年增加6題抽測，以加速掌握學童的學習狀況，雖然從110學年度起輔導團不再負責檢測命題，但仍持續辦理非選題命題工作坊及相關推廣。基隆市數學輔導團有鑒於**建構反應題**比選擇題更能掌握學童的數學學習狀況，從108～110學年度起分別對五、四、三年級抽測10題進行研發，112學年度還研發了一些六年級題目並進行推廣。北、北、基三縣市的基本學力檢測皆重視建構反應題，因它可以評量數學素養，還可促進學習，而且一般的測驗題並不能反映出此種現象。基本學力檢測的**建構反應題**，不以艱深、資優、大型題目為訴求，而以小型且貼近教學內容的親民題為主。

建構反應題的特色與內涵

　　建構反應題是一種由學童自行組織、思考產生答案之試題；它可幫助學童做深層思考，而不是表面思考，其最主要的優點是要求學童去發揮和創造他們的回應，他們要自己設法答題，而不是例行性、機械式的反應答案。傳統的建構反應題，分為填充題、論文題兩類，論文形式的建構反應題能測量複雜的學習成果，特別是應用思考、解決問題，以及組織、統整和寫作表達的能力。論文題又可分為限制反應題、**擴展反應題**（延伸反應題），限制反應題也有人稱簡答題，明確指定學童的主題和反應方式；擴展反應題給予學童自由組織、整合相關知識，並將其呈現出來，可用來評量最高層次的認知能力。

　　學童回答建構反應題，需要有真正的理解，才能建構出基於這種理解的答案；通常一般的選擇題、填充題、計算題和應用題不易反映出這種現象。**擴展式建構反應題**（簡稱建構反應題）是比較有彈性的，能夠用來測量學童在課程目標下的靈活運用程度；評量目的是為瞭解學童數學概念理解情形、解題思考歷程、解題推理能力、解題應用能力、數學表徵能力等，並透過解題表現來確認、提升、延伸、綜合他們的數學知能。

建構題型引導思考與推理

　　建構反應題的內容和題型，鼓勵學童選擇學過有關的知識，根據自己的判斷組織答案，最後合成適當的想法並呈現出來；解題過程同時在訓練學童運用思考、組織統整、表達想法的能力，而這些能力都是學校教育的重要目標。數學素養包括數學的思維、生活的應用兩大成分，數學素養導向的試題可從這兩大成分來設計。貼近學童學習內容的建構反應題，強調數學基本概念或知能，可以充分達成數學素養中「數學的思維」評量，至於「生活的應用」評量則需有適當且自然的真實情境來結合。建構反應題與一般的應用題不同，特別能瞭解學童的解題想法，以及對所

學概念的掌握情形。筆者認為這種評量題型在教學現場最容易入手，而且利用錯誤例、正確或優良例的討論，都能產生增進知能的效果。

學童面對建構反應題，它是較高層次、小型任務的非例行性問題，他們無法透過死記口訣、多次練習來回答，必須經過思考用什麼策略來解題，或是經過推理來判斷題意內容。學童還要寫出解題的想法、作法，或者理由，他們沒有思考能力、推理想法是很難達成數學學習的理想目標。

建構題呈現學童真實表現

建構反應題是一種非例行性，很親民、很可行的評量題，它可以掌握學童「數學的思維」、「生活的應用」狀態。這種題目和傳統紙筆測驗的最大差異，在於特別能看出學童受到例行性問題的模仿解題、死背公式、死記作法等不佳的解題表現。

學童的作答可分為正確解、部分正確、錯誤回答三種狀態。答案正確、理由或說明完整即是**正確例**，學童的表現不是正確就好，而是要去瞭解他們的解題思維是否有待提升？有些正確解並未扣住題目的核心概念，透過多元的正確解題分享，可評析出解題策略較佳的優良解，在歷程中也可促進及提升學童的學習。親師也不能忽略**錯誤例**、**部分正確**的學童，他們的迷思概念、學習困難是否能澄清和修補？補強後能夠鞏固概念，這攸關他們爾後學習的進展。有些學習成就高的學童，面對建構反應題不能答出正確解，可見他們的學習只能做例行性題目；有些學習成就低的學童，反而能答出正確解，甚至是優良解，其實他們的數學概念很不錯，可能平時學習鬆散才造成表現不良。

總之，建構反應題是非例行性的題型，它能評量出學童的真正學習成效，他們需透過思考和推理才能解題，是非常值得使用和推廣的題型。讀者若想進一步認識建構反應題，可參看筆者於113年1月五南圖書出版公司出版的《鍾靜談教與學（二）：數學素養導向評量設計實務》。

從建構反應題落實數學素養和促進學習的評量

國立臺北教育大學數學暨資訊教育學系教授　鍾靜

學童在數學課室學習後的診斷，「正確評量」與「有效使用」兩者缺一不可，前者關注正確的評量目的、清晰的學習目標，以及健全的設計，以蒐集學童的學習表現；後者則是有效的回饋溝通及促進學童的參與。新典範的學童學習後評量應該具備：1.引發高階思維的挑戰性任務、2.同時處理學習過程與學習結果、3.持續性的過程並與教學整合、4.形成性的使用以支持學童學習、5.學習期待可被學童看見、6.學童主動評估自我工作，以及7.同時被用來評量教學與學童學習；評量要真的被用來幫助學童學習，它就必須要做根本的轉變，不僅評量的內容與角色必須被顯著的改善，而且評量資訊的蒐集洞察與使用，必須成為持續學習過程的一部分。從這些評量的內容和方式來分析，顯見親師需要一個簡單可行、容易實施的評量作為；筆者建議可將建構反應題作為較高層次、小型任務，來瞭解學童在數學課室的學習狀況。

建構反應題與數學素養

我國108學年度開始的十二年國教課程，強調要培養學童的核心素養，跟數學領域早已重視的數學素養吻合。筆者分析國內、外數學素養的代表相關文獻，發現不外與「數學的思維」、「生活的應用」有關。十二年國教除了「知能」外，非常強調「態度」的培養。所以，數學教材的安排、教學的落實更顯重要。教學中進行**數學素養**的培養，就是以「數學的思維」對應內部連結的深度，以「生活的應用」

對應外部連結的廣度，連結不是數學內容，它是察覺、轉換、溝通、解題、評析的數學過程；教師協助學童適機接觸真實世界和數學問題的關聯外，還需加強培養學童主動探索、討論發表、批判思維的能力。國中基測的時期，僅以選擇題評量學生，教育會考增加了開放式題型，它沒有選項供學童選擇，故簡稱為非選擇題；學童須自己建構解題方法並找出解答，這種題目也可稱為**建構反應題**，增考非選題是要呼應素養導向的評量。國教院也出版國小的素養導向試題研發成果共有兩期，第一期有八類主題39個題組、第二期有六類主題45個題組，每個題組中幾乎都有**建構反應題**。

　　數學課室中的活動、主題、課題、問題、結構、應用或是練習都是數學任務；良好的數學任務要考慮學童的先備知識，在學童的近側發展區，激發學童的好奇心，培養問題解決的能力，並鼓勵多元的解題方式。因此，運用親民地緊扣教材內容、重視瞭解思維的建構反應題，其答案不採用開放、只是偶爾有多解，來瞭解學童的多元解法、展現不同的解題思維，以及解決問題的答題程度。

〈 建構反應題與促進學習 〉

　　學習評量有三種取向：按評量的功能可以區分為學習結果的評量（assessment of learning）、促進學習的評量（assessment for learning）、評量即學習（assessment as learning）等三個面向。學習結果的評量是依據教學目標來評量學童的學習成果，用來評定等第或是提出報告；**促進學習的評量**是在協助教師獲得教學的回饋，據此進一步調整教學，並幫助學童學習；評量即學習是以學童為評量的主體，讓其主動參與評量，並反省、調整自己的學習策略，進而達到更好的學習成效。這三種取向的評量，對於學童的學習都有其價值和貢獻，教師都須認識和瞭解。親師現階段已從教學者為中心的教學，轉為學習者為中心的教學；更須從學習結果的評量，轉為促進學習的評量。

國內的課程與教學專家也大聲疾呼，親師應該要從重視學習結果的評量，轉到重視促進學習的評量。教師在教學過程中，試圖尋求、詮釋某些資料或獲得證據，來瞭解學童現在的學習狀況，掌握他們達到學習目標的差距，這樣的評量就是「促進學習的評量」。親師運用建構反應題來評量學童，能掌握他們的學習狀況，並調整教學來達成學習目標。

建構反應題與學生學習

　　學習評量強調持續與教學整合的過程，教師運用形成性評量以支持學童學習，而且是學習的過程與結果並重；藉由高階思維的挑戰性任務，來協助學童看見學習期待，以及主動評估自我的學習。透過評量與教學的整合，使得形成性評量被重新重視，它可以兼顧小規模總結性評量，但總結性評量無法兼顧形成性評量。進行形成性評量教學活動，促進師生、同儕間的溝通討論，產生了有意義、有思考的學習，這就是高層次數學任務的目的。

　　數學素養包括數學的思維、生活的應用兩大成分，數學素養導向的試題可從這兩大成分來設計。國中會考、研究院研發的建構反應題，都較強調和生活情境連結。若要同時考量學習評量的高層次挑戰性任務、形成性評量等，還有落實數學素養導向、促進學習的評量，本書中的建構反應題，強調數學基本概念或知能，可以充分達成數學素養中「數學的思維」評量，以及配合適當且自然的真實情境來結合「生活的應用」評量。運用建構反應題實施「先評量、後討論」活動，就是將它作為素養導向的評量，透過討論即為素養導向的教學，這整個的過程就是促進學習的形成性評量，可提升學童的學習效果。

　　建構反應題特別能瞭解學童的解題想法，以及對其所學概念的掌握情形。筆者認為這種評量題型，親師很容易入手，而且利用錯誤例、正確或優良例的討論，都能幫助他們學習得更好。

本書使用說明

新北市國小數學輔導團研究員／新北市榮富國小教師　胡錦芳

　　數學評量如果變成促進思考與推理的挑戰活動，對學童而言那將會產生許多驚奇的火花，學習興趣之門即將被開啟，學數學不再是枯燥無味反覆計算的結果。本書共有50道趣味生活化的建構反應題，學童將每個單元所學的數學知能，用自己的思考模式完成解題，展現溝通、推理、連結的能力，並落實素養導向評量「數學的思維、生活的應用」的目標。

本書簡介及試題內容

1. 本書試題是四年級相關教材，包含「整數與概數」、「分數與小數」、「量與實測」、「關係」、「圖形與空間」、「資料與不確定性」等六個主題，**學童學過後才評量，各版本都適用可參看附錄**。教師可在學童學習完該單元的概念後，作為課堂上的動動腦或挑戰題使用，一方面可檢視學童是否已學會該教材，另一方面亦可作為教學調整之用。家長可將這些試題當作課後自主學習單使用，掌握學童每個單元的學習成效和表現。

2. 【教授的留言板】是該試題內容相關的教材、教法，或學童學習狀況說明，但說明內容不會有明顯的解題暗示。親師可以根據題目對照現階段教材的學習重點及目標（附錄可參照），清楚瞭解四年級學童在此題的表現是否符合期待。

3. 【學童作答舉隅】包含正確例的多元解題面向，以及部分正確和錯誤例的樣態，他們在作答前不宜參考。作答說明則是依據學童解題過程，瞭解他們的思

考入徑，包含正確的解題想法，以及錯誤的迷思解惑，可協助親師瞭解學童在單元內的數學概念是否建立，並可立即的修補。

重視解題的歷程，強化思考與推理

建構反應題重視解題的歷程，是學童透過組織、評析、思考自行建構答案的試題，本書50道題目與課本例行性的題目不同，它可以反映學童各種數學能力，包括解題思考能力、解題推理能力、情境應用能力、數學表徵能力及概念理解情形等。而一般的選擇題、填充題、計算題和應用題無法反映出這種現象，藉由這些題目的探索，可以擴展學童各項的數學力。

先評量再對話，可促進學童的學習

親師可經由學童的解題歷程中，瞭解學童錯誤的原因及困難。在課堂上教師可透過提問與學童進行對話，澄清學童的迷思，並適時做教學調整以解決學童困難。從正確例的分享看到多元的解法，也可從排在前者優良例中學習較佳的解題思維，提升並促進他們的學習。家長可參考本書作答舉隅，透過親子對話的溝通過程強化、增進數學概念，親師生攜手為數學學習共學共好。

筆者期待本書的出版，能提供親師瞭解數學素養導向、促進學習的評量，擴展學童數學能力，更愛數學！

目錄 CONTENTS

鍾靜 ▶ 建構反應題的題型引導學童思考與推理	III
鍾靜 ▶ 從建構反應題落實數學素養和促進學習的評量	VI
胡錦芳 ▶ 本書使用說明	IX

主題一 整數與概數

1. 存錢 … 2
2. 我是大富翁 … 8
3. 人口相差多少人 … 12
4. 答案合理嗎 … 18
5. 糟糕！數字不見了 … 22
6. 有幾個零 … 28
7. 分分看有幾籃橘子 … 34
8. 買禮盒 … 40
9. 誰剩下的錢比較多 … 46
10. 玫瑰花有幾朵 … 50
11. 140天的零用錢夠嗎 … 54
12. 發票上的數字 … 58
13. 驚「夏」特賣會 … 62

主題二 分數與小數

14. 巧克力有幾盒 … 68
15. 水餃大車拼 … 74
16. 迴力車比賽 … 80
17. 下午茶點心 … 86
18. 阿婆的茶葉蛋 … 90
19. 誰吃的披薩比較多 … 94
20. 消失的月餅 … 100
21. 吸管吹箭我贏了 … 104
22. 馬賽克拼貼 … 110
23. 跳遠測驗 … 114
24. 答案比17大嗎 … 118
25. 加油費用 … 122
26. 爸爸的腰圍標準嗎 … 126

主題三

量與實測

27. 奇妙的三角板	132
28. 遊樂園	138
29. 馬拉松	144
30. 面積有多大	150
31. 堆積木	154
32. 分秒必爭	160
33. 立體劇場	164

主題四

關係

34. 周年慶	170
35. 五顆蘋果的價錢	174
36. 作法一樣嗎	178
37. 教室裡的動動腦	184
38. 迷宮	188
39. 火車座位號碼	192

主題五

圖形與空間

40. 角度畫對了嗎	198
41. 觀星賞月	202
42. 我說你猜	208
43. 香包的祕密	214
44. 小傑畫的兩條線	220
45. 失落的一塊拼圖	224
46. 小圖形大任務	228
47. 草莓園	232
48. 體積一樣大嗎	236

主題六

資料與不確定性

49. 兒童節禮物	242
50. 票選班服	246

附錄一	「整數與概數」各題之評量目標與對應各版本單元內容	252
附錄二	「分數與小數」各題之評量目標與對應各版本單元內容	257
附錄三	「量與實測」各題之評量目標與對應各版本單元內容	262
附錄四	「關係」各題之評量目標與對應各版本單元內容	265
附錄五	「圖形與空間」各題之評量目標與對應各版本單元內容	267
附錄六	「資料與不確定性」各題之評量目標與對應各版本單元內容	270

memo

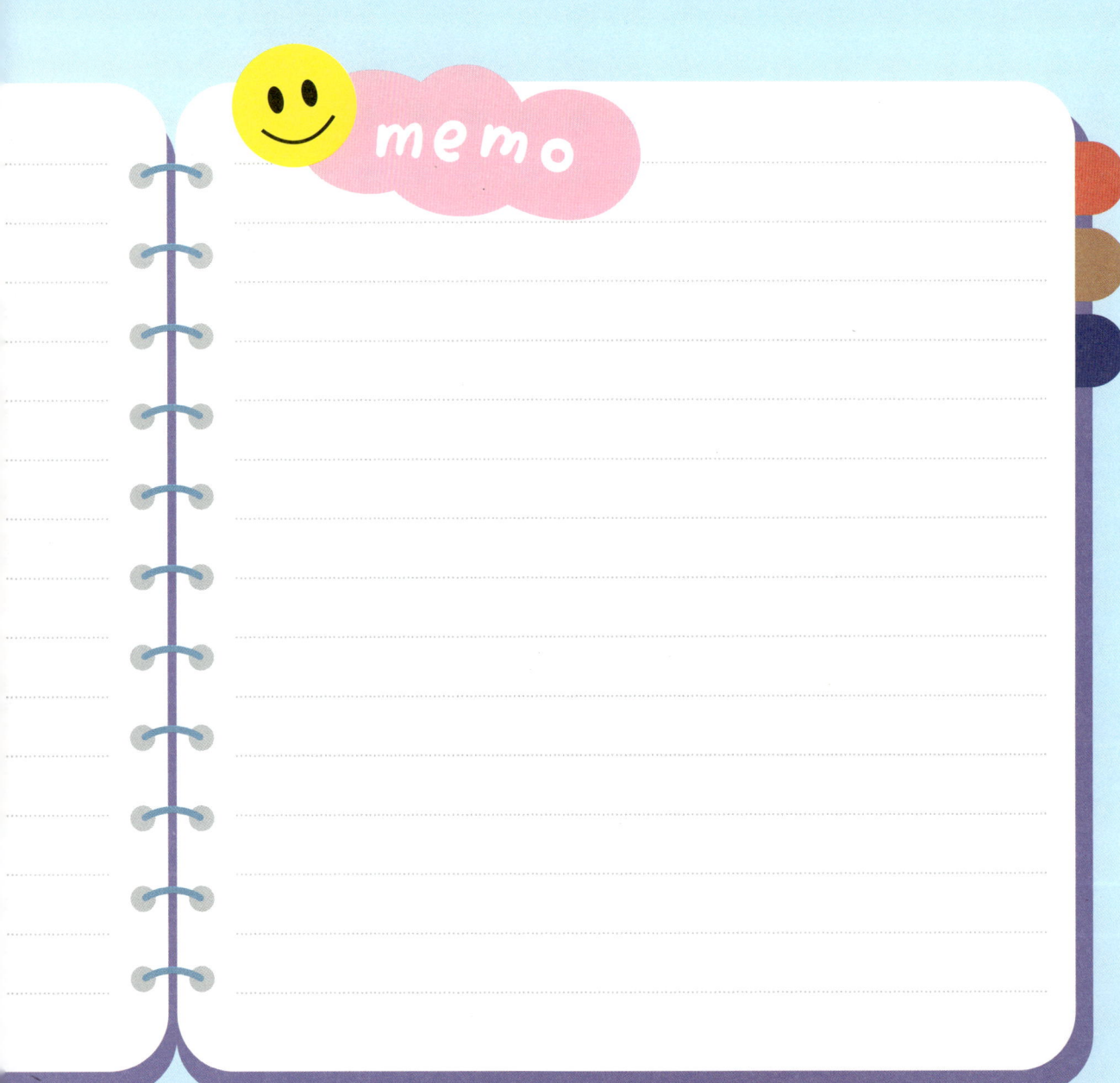

主題一

整數與概數

1 存錢

　　大雄跟爸爸到郵局存錢，爸爸要存入的錢是「十萬零五十」元，他看到存款單中「存款金額」的欄位是他曾經學過的，爸爸就讓他用數字填寫存款金額（如下表）。你覺得大雄寫的數字正確嗎？請寫出你的想法。

郵政存簿儲金　☐ 無摺存款　　存款單（郵局留存聯）
　　　　　　　☐ 憑金融卡存款

郵局代號	局　　號					檢號	帳　　號				檢號	日　期
700	1	2	3	4	5	6	7	0	0	0	1	113年1月23日

戶　名	丁大正	存款金額	仟萬	佰萬	拾萬	萬	仟	佰	拾	元
		新臺幣（小寫）				10	0	0	5	0

※無摺存款：請儲戶自行由密碼輸入器輸入儲金簿密碼（在立帳局辦理者無須輸入）。

大雄寫的數字正確嗎？

我的想法：

教授的留言板

　　這是個很不錯的生活情境題，郵局存單的存款金額，出現「仟萬、佰萬、拾萬、萬、仟、佰、拾、元」，它跟教科書上「千萬、百萬、十萬、萬、千、百、十、一」略有不同，但學童是可以看懂並理解的。郵局存款單要求存入新臺幣的金額用小寫（數字），且要對應位名（位值）；不同於銀行要求大寫（國字），也要對應位名（位值）。學童在課堂所學的數學知能，有機會運用在生活中的郵局存單，這是很好的體驗，親師可以多讓學童有機會書寫郵局的存單。通常，較大的數含有很多數字0時，會受到讀法的影響，以及十進制的規範，學童很容易出錯，本題就在確認學童能否正確掌握。

學童作答舉隅

正確例一

大雄的寫法是錯的
「十萬零五十」代表1個十萬和5個十元，因為萬位、千位還有百位都沒有，所以要寫0，而且每個位置只能寫一個數字。爸爸存的是十萬，要在十萬的位置下面寫1，不是在萬位寫10。

作答說明

從作答可知學童對於位值表上每個位名所代表的單位已經充分理解，也能透過位值表認識大數的讀法與記法。當存款金額是「十萬零五十」時，可以很清楚指出十萬代表的是1個十萬，要在位值表上十萬位的位置記錄1，並且知道每個位名只能填寫0~9的數字，所以可正確判斷大雄的寫法是錯的。

正確例二

大雄的寫法是錯的
「十萬零五十」用數字要寫成100050，畫一個表再填上去就知道了，要像我這樣在十萬位寫1，萬位要寫0才對。

千萬	百萬	十萬	萬	千	百	十	個
		1	0	0	0	5	0

作答說明

學童先將存錢的金額「十萬零五十」用數字記作100050，再自行畫一個位值表說明如何在每個位值填入正確的數字，以表示存錢的金額，因此判別大雄的寫法是錯的。

主題一：整數與概數

部分正確

大雄的寫法是錯的
他要把萬位的數字往左邊移才對，否則十萬位會沒有。

作答說明

學童雖然能正確判斷大雄的寫法是錯的，也知道存款金額「十萬零五十」的十萬位會有數字，從答題說明上可略微看出學童在位值表上記數是有概念的；但是在敘寫理由時無法清楚表達「數字往左移」的意思，是指萬位的1要寫在十萬位，萬位是0而非10。說明理由不完整，也顯現出學生敘寫的能力較不足，無法用數學語言溝通。

回答錯誤

大雄的寫法是對的
我先把「十萬零五十」用數字寫成100050，
100050是6個數字，大雄寫的也是6個數字，所以大雄是對的。

作答說明

學童能知道「十萬零五十」的記法，但卻以位數的個數作為判斷的理由，忽略了位值表上每個數所代表的意義，對於在位值表上認識數的概念還未清楚。

memo

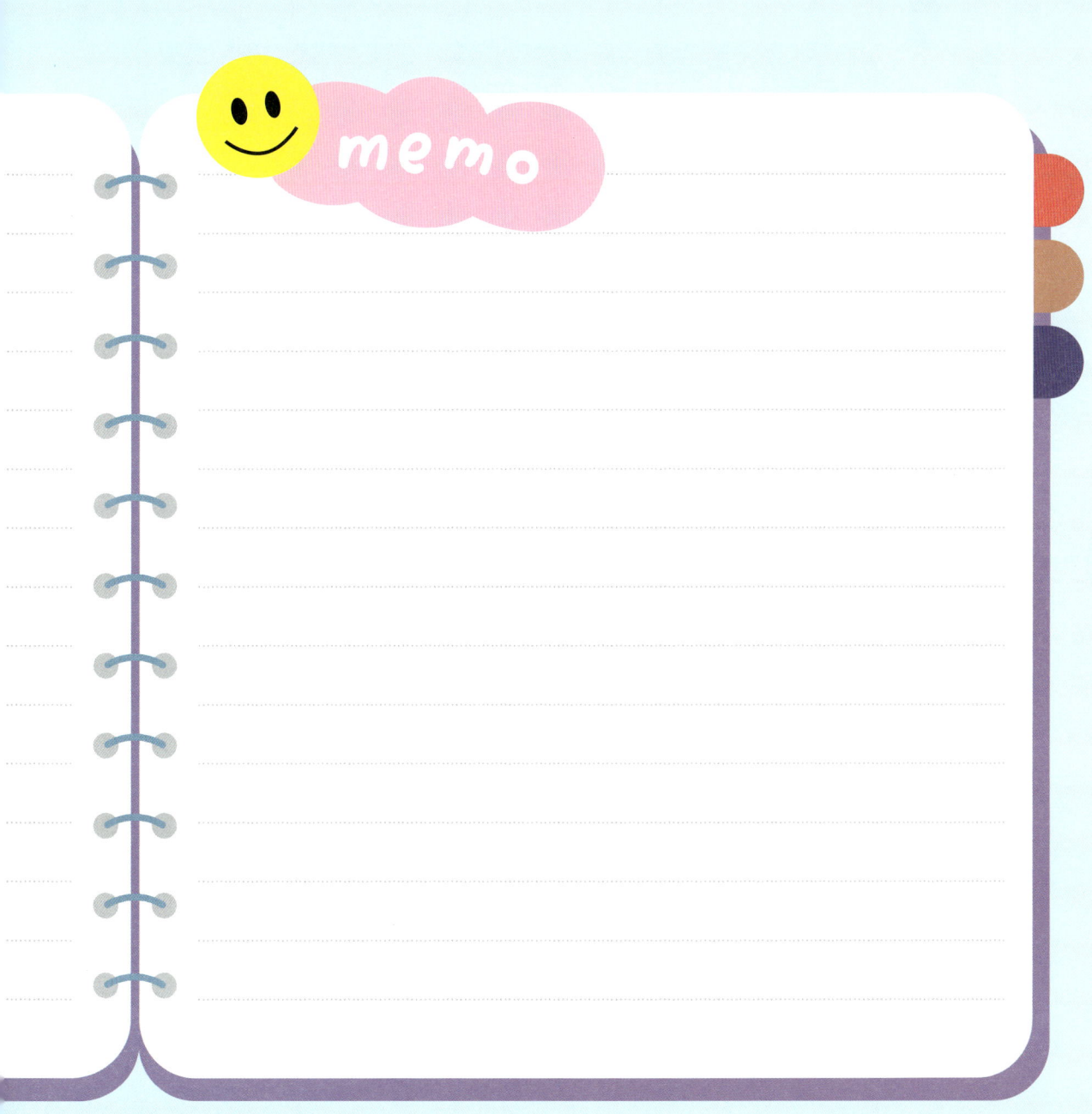

2 我是大富翁

　　小香、大宏和夫夫三個好朋友在假日時一起玩大富翁的遊戲，遊戲結束後他們分別點數得到的錢，下面是他們對自己錢的描述：

　　小香：「我的錢有九十萬零五十元。」

　　大宏：「我有8張100000元、15張10000元和1張500元。」

　　夫夫：「我的錢一共是7050000元。」

　　比比看誰的錢最多？依照大小排出順序，並寫出你的理由。

比比看誰的錢最多？
依照大小排出順序

我的理由：

教授的留言板

　　學童認識較大的數，已從10000以內，增加到一億以內，此時會出現的位名有「萬位」、「十萬位」、「百萬位」、「千萬位」。當數超過萬，在生活中商業寫法，通常會配合西方的讀法三位一撇，但我們的讀法不適合三位一撇。一般教科書的處理是配合位名表（定位板），引導學童察覺「一、十、百、千」、「萬、十萬、百萬、千萬」的位值概念是四位一組。中文的位名或位值，都很容易掌握前、後二階間的關係，高階是低階的10倍、低階是高階的$\frac{1}{10}$倍；只有「千」到「萬」時，學童除需認識10個千是1萬外，還要知道9999又1、9990又10、9900又100、9000又1000也是1萬。當然，「千萬」到「億」時，學童要認識10個千萬是1億外，知道9千萬又1千萬是1億即可。本題的數出現讀法、寫法，還有一些數的合成，想要確認學童能否掌握不同表徵較大的數，並能做比較。

主題一：整數與概數

學童作答舉隅

作答說明

學童依據數字從最大的位值進行判斷，夫夫的錢是7050000，最大位值單位是百萬；大宏有95萬，最大的位值單位是十萬；小香的錢最少，只有90萬。

正確例一

夫夫＞大宏＞小香

夫夫的錢是7050000元，有7個百萬，大宏是95萬，小香只有90萬，所以夫夫的錢最多。

正確例二

① 夫夫 ② 大宏 ③ 小香

九十萬零五十元 → 900050（6位）
8張100000元、15張10000元和1張500元 → 950500（6位）
7050000元（7位）
7050000 ＞ 950500 ＞ 900050

作答說明

學童將所有的金額用數字表示，再以位數進行比較，夫夫的錢是7位數，大宏和小香都是6位數，從高位開始比較大小，得知小香最小。

作答說明

學童先將所有的錢以「讀作」的方式呈現，再進行比較，雖然排序的答案正確（夫夫＞大宏＞小香），但是錯將大宏的15張10000元視為十一萬五千元，因此大宏的錢由正確的九十五萬零五百短少成為九十一萬五千五百元，對於大數的化聚還不夠穩固。

部分正確

夫夫＞大宏＞小香

小香：九十萬零五十元
大宏：8張100000元、15張10000元和1張500元→九十一萬五千五百元
7050000→七百零五萬元

回答錯誤

小香＞大宏＞夫夫
小香最大的數字是9，大宏是8，夫夫是7，所以小香的錢最多。

作答說明

學童誤認為比較數字大小時要從高位判斷，就是比較最左邊的數字，而非從數字所代表的位值單位的最高位進行判斷。

3 人口相差多少人

社會課正在進行「認識家鄉的人口」單元，小達上網查詢自己所住的西屯區約26萬300人，爺爺、奶奶所住的太平區約18萬900人。他想要知道兩個區相差多少人？他先寫出了橫式，再用直式算出答案如下：

26萬300－18萬900＝（　　　　）

```
   26 萬 300
 − 18 萬 900
 ─────────
    7 萬 400
```

答：兩區相差7萬400人

媽媽告訴小達他的作法是錯的，請你把錯誤的地方圈起來，再寫出正確的作法及答案。

請你把錯誤的地方圈起來

```
   26 萬 300
 − 18 萬 900
 ─────────
    7 萬 400
```

寫出正確的作法及答案：

教授的留言板

　　學童認識一億以下的數，就會進一步學習較大數的加減。此時，他們已經知道10000080的讀法是一千萬零八十，也可寫做1000萬80。因此，學童在進行加減直式計算時，一開始仍會配合定位板，對齊位名寫出數字來計算，例如：6000030＋4000050＝10000080；接著才會以「多少萬多少一」來處理，例如：600萬30＋400萬50＝1000萬80，這時「萬」和「一」是兩個家族，它們在家族內都有相同的十進結構，在家族間的銜接處亦同。本題就是想瞭解學童對「多少萬多少一」相關的直式計算，能否正確理解並判斷。

學童作答舉隅

正確例一

錯誤的	正確的作法
26 萬 ⓐ300	5　10000
－ 18 萬　900	2̸6̸ 萬　300
―――――――	－ 18 萬　900
7 萬 ⓐ400	――――――――
	7 萬9400

300－900不夠減，小達要從26萬借1個萬，而不是10個百，所以小達算錯了。

作答說明

學童能正確圈出小達錯誤的地方，並且已知道大數的結構可以分為以「一」、「萬」為單位，進行大數的減法問題時，可以用類似量的複名數減法方式進行直式計算，在萬位退位時要換成10000而非習慣的10，因此先算出「一」的單位10300－900＝9400，再算出「萬」的單位25萬－18萬＝7萬，所以兩區相差的人口數是7萬9400人。

正確例二

```
            9
           10 10
        5   千 百
   26 萬 300
  − 18 萬 900
   ─────────
    7 萬9400
```

```
   26 萬 ⟨300⟩
 − 18 萬  900
  ─────────
    7 萬  400
```

作答說明

學童能正確圈出小達錯誤的地方，從26萬300的數字中發現少了千位，因此自己補上千位位名，並且透過兩次退位來計算。退位的方式先從萬位退1萬換成10個千，再從10個千退1個千換成10個百，加上原有的3個百變成13個百，減掉9個百後，百位是4百，千位剩下9個千；萬位則是25萬－18萬＝7萬，因此正確的答案是7萬9400人。

部分正確

我的答案是

```
  26 萬 ③⓪⓪
-  18 萬 900
───────────
   7 萬 ④⓪⓪
```

正確的作法

```
       10
  2̸6̸ 萬 300
-  18 萬 900
───────────
   7 萬 1600
```

作答說明

學童雖然能正確圈出小達錯誤的地方，也知道不夠減時要退位，退位時從萬位退位換成10，但是不瞭解換成的10是10個千。不知如何處理退位的問題，直接將1拿下來放在減數900的前面，用1900－300＝1600，得到錯誤的答案是7萬1600人。

回答錯誤

小達的萬算錯了，應該是8萬才對。

```
  26 萬 300
-  18 萬 900
───────────
   7 萬 400
```

```
  26 萬 300
-  18 萬 900
───────────
   8 萬 600
```

作答說明

學童直接用大數減小數的方式處理減法問題，先用900－300＝600，再用26萬－18萬＝8萬，因此算出錯誤的答案8萬600人。

memo

4 答案合理嗎

　　小花的數學作業有一題「用直式算算看 3688×392」，小花算出來的答案是「145696」。

　　哥哥在一旁說：「我不用直式計算就知道你的答案不合理，答案不會只有14萬多。」

　　你認為哥哥的說法正確嗎？請把你的想法寫下來。

哥哥的說法正確嗎？

我的想法：

教授的留言板

　　學童在比較大數的運算時，碰到乘法運算往往只記得口訣「滿10進1」，若未注意位名或位值很容易就會出錯。親師需培養學童一些後設認知的能力，學童自己能判斷或檢查計算結果是否正確？檢查計算正確的方法，當然能夠再算一次。不過更高明的方法不是計算，而是透過數感的判斷。數感的判斷，例如：999×36＝（　　　），可以用1000×36來估算，計算出來的答案應該比36000小一些。若要培養學童有數學素養，首先要理解數學問題並不是都要靠計算求解，有時在生活中沒有紙筆、沒有計算機，有策略的「心算」很重要。這裡所謂的心算，不是指親師在坊間熟知的珠算式心算，透過特別的訓練讓腦袋中有結構的精算，而是一種以個人思考來計算的方法。本題是想瞭解學童如何來判斷「不用直式計算就知道答案不合理」？他們多接觸這類題目，較有機會可促進學習。

學童作答舉隅

正確例一

哥哥的說法正確
把3688看成36個百，392看成4個百，1百的1百倍就是1萬
36×4=144   144個1萬是144萬。

作答說明

學童利用估算的方式將數字轉化為「整百」後計算，得知36個百的4百倍是144個萬，再進行判斷小花的答案14萬不合理，因此認為哥哥的說法是正確。

正確例二

哥哥的說法正確
我用直式再算一次得到答案是144萬多，不是14萬。

```
          3 6 8 8
        ×   3 9 2
        ─────────
          7 3 7 6
        3 3 1 9 2
      1 1 0 6 4
      ─────────────
      1 4 4 5 6 9 6
```

作答說明

學童用直式算出正確答案，得知答案不是14萬，而是144萬多，判斷哥哥的說法正確。

部分正確

哥哥的說法正確
我把3688看成4000，392看成400
把它們乘起來不會是14萬多。

作答說明

學童能用估算的方式將數字轉換成整百，但未說明答案大約為多少，說明的理由不完整。

回答錯誤

哥哥說錯了
我用直式算出來的答案和小花一樣
都是14萬，小花是對的。

```
        3 6 8 8
    ×     3 9 2
    ---------------
        7 3 7 6
      3 3 1 9 2
    1 1 0 6 4
    ---------------
    1 4 0 6 0 8
```

作答說明

學生用直式計算但計算錯誤，所以判別哥哥的說法錯誤，小花正確。

5 糟糕！數字不見了

哥哥做完一題乘法直式計算題，弟弟不小心把墨汁打翻了，算式中有部分不小心被墨汁弄髒了（如下圖），哥哥已經想不起來原來算式中的數字了，請幫他恢復正確的算式及答案，並說明你的理由。

```
        3 5 5
    ×   3 ● 7
    ─────────
        2 4 8 5
      7 1 0
    ● 6 5
    ─────────
    ● 6 0 8 5
```

請幫哥哥恢復正確的算式及答案	我的理由：

教授的留言板

　　學童學會三位數乘以三位數的直式算則後，不但要能熟練算法且能正確算出答案，還要能判斷他人的算法和答案是正確或有誤，這題的解題正需要有前述兩種能力。這種克漏字的數學問題，最好是一般能力的學童都能解題，他們可從正向的幾倍、幾十倍、幾百倍來探索，也可從反向的已知計算結果來推算。如果過於複雜或難解，就會變成資優問題，不是親民、接地氣的建構反應題，也不能評量出學童真正的學習成效。學童需要與學習內容相關的評量題，但不能是常見且一般的例行性問題；因為他們會模仿或憑記憶去解題，無法評量出數學概念相關的素養內涵。

學童作答舉隅

正確例一

正確的算式

```
      3 5 5
  ×   3 2 7
  ─────────
    2 4 8 5
    7 1 0
  1 1 6 5
  ─────────
  1 1 6 0 8 5
```

355乘以3❋7，是355的7倍和355的❋十倍加上355的300倍合起來的

355×7是2485個1

355×❋是710個十，所以❋是偶數而且是2，如果比2大，答案會超過710

355×300是1165個百，所以算出來的答案是116085

❋是11

作答說明

學童理解乘數是三位數時包含了多階倍數，也就是被乘數乘以幾倍、幾十倍和幾百倍的結果。從題目的直式記錄中，發現355乘幾十倍時答案是710個十，十位數字為0，推論出❋的數字為偶數，但是不可能比2大，否則答案會變成幾千個十；再從355乘以3個百的記錄中得到❋的答案是1165個百就是11萬6500，因而可以寫出哥哥正確的算式是355×327。從說明理由中可看出，學童對於乘法直式算則的程序非常清楚。

正確例二

哥哥的直式355×3✹7是三位數乘以三位數，答案應該為六位數，所以✹的數字會是二位數。可以先算355乘以300倍得到答案是 11 6500，✹是11。如果把355看成350，350乘以20會是7000；如果乘以30就是11500，可以知道✹的數字是2，所以我把找到的數字都填上去，就可以知道哥哥的正確算式應該是：

```
        3 5 5
    ×   3 2 7
    ─────────
        2 4 8 5
        7 1 0
    1 1 6 5
    ─────────
    1 1 6 0 8 5
```

作答說明

學童知道355×3✹7是三位數乘以三位數，答案應為六位數，因而推斷✹是二位數；再藉由355×300算出正確答案是116085，知道✹的正確數字是11；接著以估算的方式將355看成350，再從350乘以幾十倍的答案是710個十中，推論出乘數✹的符號代表數字2，因此寫出哥哥正確的直式算式和答案。

回答錯誤一

```
      3 5 5
  ×   3 0 7
  ─────────
    2 4 8 5
    7 1 0 0
  ─────────
      9 6 5
  ─────────
    9 6 0 8 5
```

一個位子只能填一個數字，第二層710的0對上來剛好是✹，所以✹的數字是0，3×3是9，✹就是9，哥哥的答案是96085

作答說明

學童直觀看到355乘以幾十倍的結果是710個十，因而判斷✹就是0，且受乘數3✹7的影響，認為一個符號代表一個數字，誤將✹視為3×3＝9，忽略了整體運算的結果，因此回答錯誤。

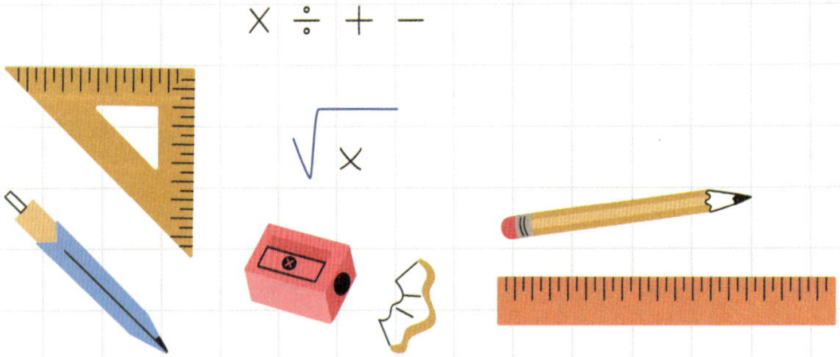

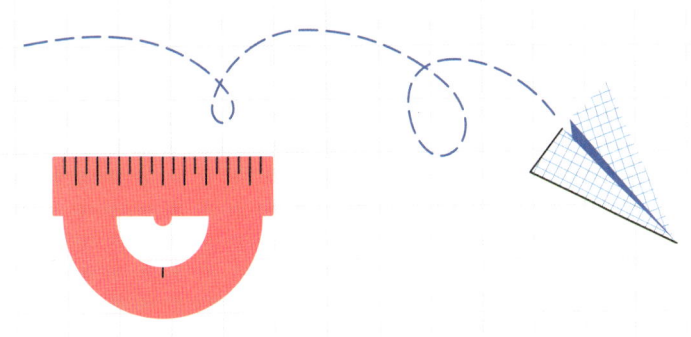

回答錯誤二

哥哥正確的算式和答案

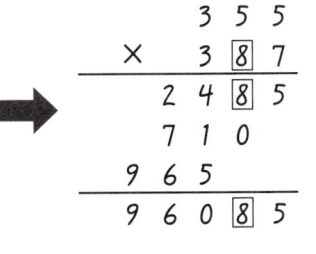

```
      3 5 5              3 5 5
  ×   3 ✸ 7          ×   3 8 7
  ─────────           ─────────
    2 4 8 5             2 4 8 5
      7 1 0               7 1 0
    ✸ 6 5               9 6 5
  ─────────           ─────────
  ✸ 6 0 8 5           9 6 0 8 5
```

因為 8＋0＝8，所以 ✸ 是 8
3×3＝9，✸ 是 9
所以答案是 96085

作答說明

學童誤將答案中十位的8視為加法運算後的結果，直接把8寫在乘數的✸中，因此認為乘數是387；且在計算答案時只將被乘數355的3和乘數387的3乘起來得到9，不但不瞭解乘數中的3代表的是乘以300倍的意義，也忽略了運算後進位的部分。從說明的理由可看出學童未具有多階單位與多階倍數的概念，只是做數字間的乘法運算，對乘法直式運算的程序並不熟悉。

主題一：整數與概數

6 有幾個零

老師出了一題乘法計算題「2500×400」，小文看完題目說：「我不用計算就知道這題的答案有4個0，答案應該是10000。」你覺得小文的說法正確嗎？請寫出你判斷的理由。

你覺得小文的說法正確嗎？

我的判斷理由：

教授的留言板

　　學童面對大數的乘法，除了被乘數有多階單位的概念外，還要會計算幾倍、十倍、百倍、……，例如：234×65＝（　　），234是2個百3個十4個一，「234的5倍」是1個千1個百7個十0個一，「234的60倍」是1個千4個百0個十4個一的10倍，也是1個萬4個千0個百4個十，合起來是1個萬5個千2個百1個十0個一。按照一般的乘法直式，三位數乘以二位數就是前述乘法直式二層的作法。親師要讓學童理解乘法直式算則背後的概念，重要的關鍵是幾個一的10倍是幾個十、幾個十的10倍是幾個百、……，還有幾個一的100倍是幾個百、幾個十的100倍是幾個千、……，前者是乘法直式的第二層、後者是第三層、……。這些規律只要從列出的相關算式，並配合直式的定位板多加觀察，學童一定能瞭然於心。

學童作答舉隅

正確例一

小文的說法是錯的
2500×400是25個百的400倍,可以先算1個百的100倍是100個百,也就是1萬,再算25×4=100,所以答案是100萬,也就是1000000,總共會有6個0。
2500是四位數,400是三位數,兩個數相乘的積應該是七位數,所以答案不可能是小文說的10000,因為10000是五位數。

作答說明

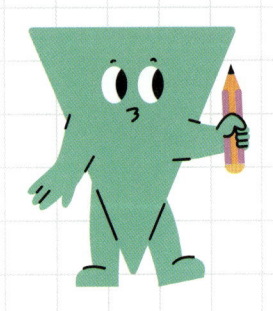

學童知道四位數乘以整百的意義,利用轉換單位的概念分解成25個百乘以400倍,因此先找出1百的100倍是1萬,再算25的4倍是100,所以算出正確答案是100萬。再者,學童也理解多位數乘法的特性,已察覺整十、整百、整千相乘時,積當中0的個數規律以及積的可能位數,並以此關係及規律檢驗積位數的合理性。

正確例二

小文的說法是錯的
我用直式算算看,先算 100×100＝10000,1百的100倍是100個百是10000;再算25×4＝100,答案是1000000,有6個0,不是4個0。

```
    2 5 | 0 0
  ×   4 | 0 0
  1 0 0 | 0 0 0 0
```

作答說明

學童利用直式計算,先算1個百的100倍是100個百,也就是10000,再算出25×4＝100,得知答案是1000000後再進行判斷,發現答案有6個0,而非小文所說的4個0,積是10000,因此認為小文的說法是錯誤的。

部分正確

小文說法是對的
$2500 \times 10 = 25000$
$2500 \times 100 = 250000$
被乘數2500乘以10答案就會多1個0；乘以100就會多2個0；題目是2500×400，小文還沒算25×4的結果，就已經是4個0了，所以全部算出來的答案0應該不只4個。

作答說明

雖然學童錯誤回答「小文說法是對的」，但從說明的理由中可看出，學童瞭解在被乘數不變的情況下，乘數變為原來的10倍、100倍時，積也會變成原來的10倍、100倍，原來的積也會再多加1個0、2個0。顯示已能覺察整十、整百、整千相乘時，積當中0個數的規律，且知道2500×400的積不可能只有4個0，對於整十、整百的乘法概念清楚，說明的理由也完整。若能再清楚說明積是6個0，就不至於誤寫「小文說法是對的」。

回答錯誤

小文的說法是對的
被乘數2500有2個0，乘數400也有2個0，把被乘數和乘數的0加起來就是4個0，所以答案就像小文說的是10000。

作答說明

學童直觀從題目看到4個0，誤認為積有4個0；也可能受口訣「被乘數有幾個0，乘數有幾個0，積合起來就有幾個0」的影響，直接進行判斷，卻不知會有特例的情形出現，例如：本題2500×400、20×50及180×25……。

memo

7 分分看有幾籃橘子

爺爺的橘子園種了許多橘子，假日時小華跟著家人到橘子園幫忙摘橘子，一共摘了512顆。爺爺問小華：「50顆橘子裝一籃，最多可以裝成幾籃？」

小華先列出算式，再用直式算出答案：

512÷50＝

```
        1 0 2
    50 ) 5 1 2
         5 0 0
             1 2
             1 0
                2
```

答：最多可以裝102籃

你覺得小華的作法正確嗎？請寫下你的理由。

你覺得小華的作法正確嗎？

我的理由：

教授的留言板

　　學童從基本的除法算式到除數是一位數的直式，兩者最大的差別是在從以「一」為單位到「多階」單位。現在是三位數除以二位數的直式問題，他們能掌握被除數的「百、十、一」三階單位更顯重要。學童在被除數是三階單位的概念下求解，若除數是一位數可看成做了三次的基本除法；若除數是二位數，也是要做三次的除法，只是最高階的那次通常看一下沒有答案就會省略。學童在做這類除法問題時，若有估算的後設認知能力，會有助於監控答案是否合理？例如：316÷42＝7…22，將316看成300、42看成40、300÷40＝7.5，答案在合理範圍，例如：316÷42＝70…22，42看成40，70×40＝2800，2800比316大的多，答案不合理，前者是檢視答案的作法、後者是驗算答案的作法。

主題一：整數與概數

學童作答舉隅

正確例一

小華的作法是錯的
512是5個百，1個十和2個一，
我先分5個百，不夠除以50，
所以商不用寫。
把5個百換成十，有51個十就可分到1個十，
還剩下12個，所以答案是10籃。

```
        百 十 個
           1 0
    50 ) 5 1 2
         5 0
         ─────
           1 2
```

← 5個百不夠除以50，換成51個十

作答說明

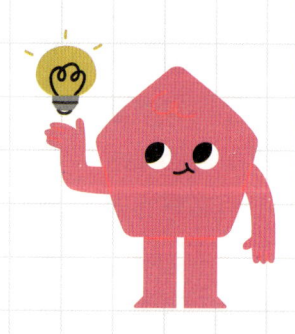

學童用有位名的直式除法，將被除數512以「百」、「十」、「一」為單位說明商的計算。先分百，5個百不夠分，因此百位不用寫數字；接著再分十，將百換成51個十，51個十除以50，利用乘法進行估商 $50×1=50$ 在十位記錄1，最後剩下12個1，12個無法裝一籃，因此答案為10籃，而非小華所寫的102籃。

正確例二

512÷50的答案不可能有102籃，我把512看成500，500是50的10倍，也就是可以分成10籃。

也可以把500和50都看成幾個十，500是50個十，50是5個十，50是5的10倍。

所以，正確的答案最多可以分成10籃。

作答說明

學童利用估算的方式，先將被除數512看成500，接著利用「倍的語言」知道50的10倍是500，所以只能裝10籃。另外，從說明理由中也發覺學童能以轉換單位的方式（同時換成幾個十），察覺被除數與除數之間的倍數關係，得知小華的作法是錯的。

> 學童利用位數的關係去判斷商位數的可能性，知道三位除以二位商的可能是二位或一位。雖然概念正確，但是未詳細說明原因，且商的正確數字是多少也未指出來，說明理由不完整。

作答說明

部分正確

小華的作法是錯的
三位除以二位的答案不可能是三位，可能會有二位或一位，小華寫了102籃是三位數，這題百位不夠分，所以百位不用寫。

回答錯誤

小華的作法是正確的，跟我的作法一樣。
512裡面有500夠分給50，所以上面寫成10，剛好500分完，還剩下12分給5，5×2得10，最後剩下2顆。

```
        1 0 2
    50 ) 5 1 2
         5 0 0
         ─────
           1 2
           1 0
         ─────
              2
```

作答說明

學童未將被除數「512」看成多單位（幾個百、幾個十和幾個一），把512視為512個一，因此認為512夠除以50，雖然知道分完後的答案是10，但不瞭解每個位值所代表的意義，誤將商的1個十寫成1個百。對於除法直式的步驟及記錄不清楚，因此無法判斷直式的答案是錯誤的。

memo

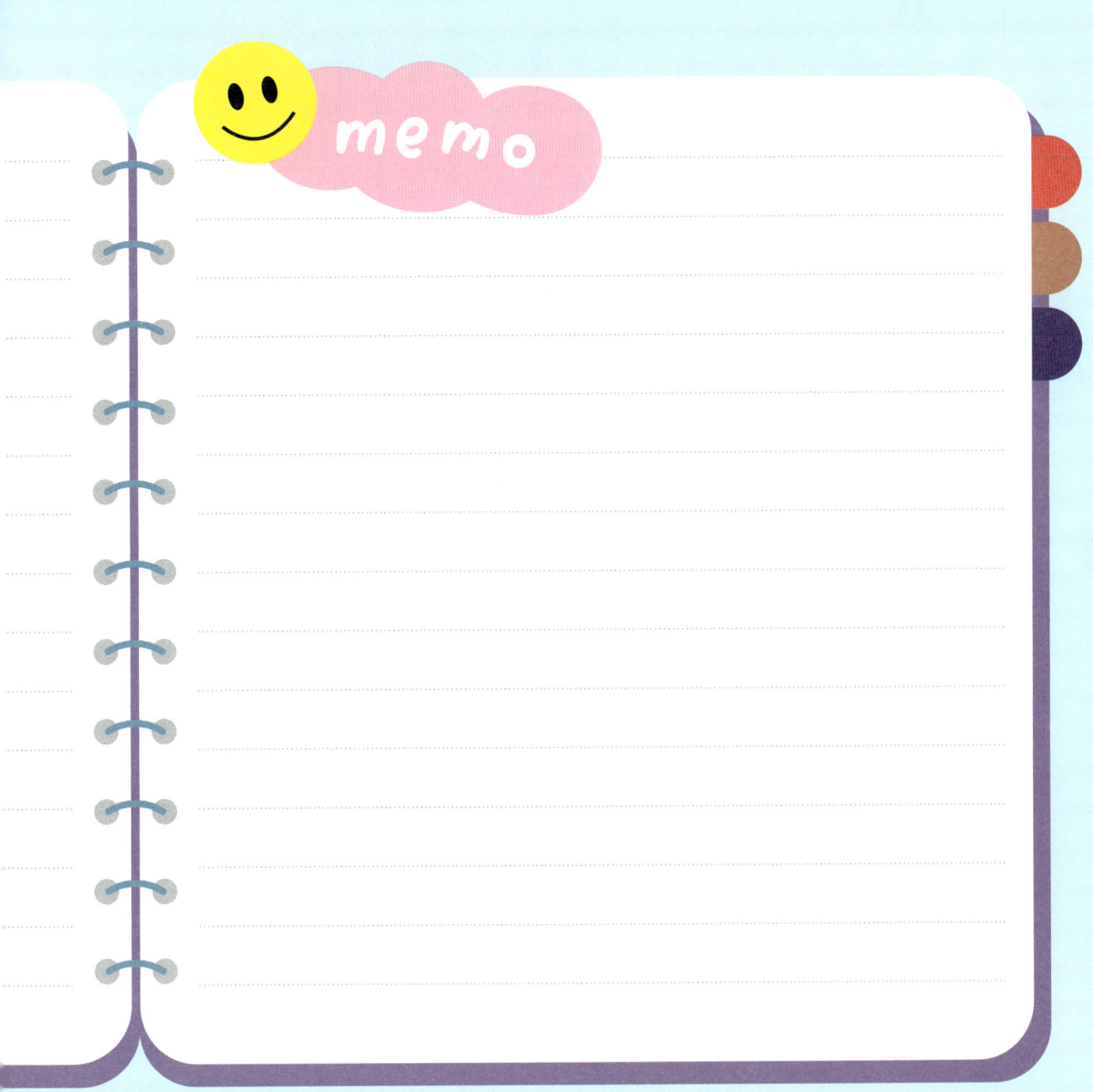

8 買禮盒

　　端午節快到了，<u>小美</u>和爸爸帶了6000元要買12份相同的禮盒送給親戚。大賣場剛好有促銷活動（如下表），<u>小美知道60÷12＝5</u>，他們可以選擇哪些禮盒？請寫出你的理由。

品項	價錢
A 葡萄禮盒	每盒499元
B 蛋糕禮盒	每盒505元
C 茶葉禮盒	每盒600元
D 果汁禮盒	2盒999元

他們可以選擇哪些禮盒？
（請填入代號A、B、C、D）

我的理由：

教授的留言板

　　這是一題可不透過精算就能判斷的購物問題，學童若能看出所列算式和原題意答案的關聯，他們從這答案就能判斷可以買哪些禮盒。學童除了需有精算的能力外，還需有除法或倍數概念相關的推理能力。生活中解決問題不能都靠精算，他們要有靈活的思維，以及應用的能力。學童雖然對於傳統的、一般的應用題，大都能將題目中的數字，按照題意來計算求解；但他們碰到建構反應題時，需靠自己決定解題的策略，而且還要能充分掌握題目的訊息。親師可多讓學童接觸這類題型，培養他們的數學素養、推理思考能力。

學童作答舉隅

正確例一

可以選擇A或D

$\boxed{60}\div 12=5$，$\boxed{6000}\div 12=500$，6000是60的100倍，算式中除數的12沒有改變，因此答案的5也要乘以100倍。

所以一盒禮盒的價錢是500元，只要價錢比500元少的禮盒都可以選擇。

A葡萄禮盒每盒499元＜500元

D果汁禮盒2盒999元，把999元看成1000元，1盒也比500元還少。

作答說明

學童觀察60÷12＝5與6000÷12兩個算式的數字變化，發現被除數6000是60的100倍關係，當除數12沒有改變時，商的答案5會隨著被除數擴大100倍，得知1份禮盒的價錢是500元。只要價錢不超過500元的禮盒都符合條件，因此選擇A禮盒與D禮盒。

正確例二

小美要選A和D
我用直式算出6000÷12＝500，一盒的價錢是500元
✓ Ⓐ 499元比500元少，可以選
✗ Ⓑ 505元＞500元，不能選
✗ Ⓒ 600元＞500元，不能選
✓ Ⓓ 2盒999元，999÷2＝499…1，一盒也是大約499元
　　所以D也可以選

```
         5 0 0
      ┌────────
   12 │ 6 0 0 0
        6 0
        ───
            0
            0
            ─
            0
```

作答說明

學童用直式算出6000÷12的正確答案為500，知道1份禮盒的價錢是500元，再針對選項逐一進行分析判斷，發現B和C選項的價錢都大於500元不符合條件，只有A和D可以作為小美選擇購買禮盒的選項。

部分正確

他們可以選A
$60 \div 12 = 5$，$600 \div 12 = 50$，$6000 \div 12 = 500$
當除數12不變時，被除數變大10倍，商也會跟著變大10倍；被除數變大100倍時，商也會跟著變大100倍。所以，一盒禮盒的價錢是500元，只要比500元少的都可以買。
A禮盒499元沒有超過

作答說明

學童已察覺算式中的除數不變時，被除數擴大10倍、100倍時，商也會隨著變化。因而從算式$6000 \div 12 = 500$得知一盒禮盒的價錢是500元，判斷只要價錢比500元少的禮盒都符合。但是在回答選項時只寫了A選項，也許誤認為答案只有一個正確，因而疏漏D的選項，雖然數學概念清楚，可惜答案不完整。

回答錯誤

答案是C
因為$6000 \div 600 = 10$
剛剛好可以買10盒

作答說明

學童誤以為要將6000元買相同的禮物即可，且禮盒中的價錢只有C剛好是整百可以整除，得到答案10盒。忽略了題意中要買「12」盒的訊息，也無法利用題目中算式$60 \div 12 = 5$的提示進行推算，因而填寫錯誤的選項。

memo

9 誰剩下的錢比較多

聖誕節快到了，阿強和哥哥每年都會分別從零用錢中拿出5000元捐給慈善機構，一個慈善機構都捐600元。哥哥拿了50張百元鈔票，每6張裝一袋；阿強的撲滿裡都是10元硬幣有500個，每60個裝一袋。哥哥請阿強幫忙將錢分裝。

阿強用下面的直式計算後說：「我和哥哥的錢都可以裝8包，但是我剩下的錢比較多。」你覺得阿強的說法正確嗎？請把你的理由寫出來。

哥哥的錢

$$\begin{array}{r} 8 \\ 6 \overline{\smash{)}50} \\ \underline{48} \\ 2 \end{array}$$

阿強的錢

$$\begin{array}{r} 8 \\ 60 \overline{\smash{)}500} \\ \underline{480} \\ 20 \end{array}$$

你覺得阿強的說法正確嗎？

我的理由：

教授的留言板

　　學童學習除法直式算則，從除數一位數到二位數、無餘數到有餘數，他們的困難在於估商、餘數的意義。估商在除數一位時看似簡單，可利用乘除互逆的「除數乘以商」來配「被除數」，但「商要一次到位」不是每位學童都能做到的，親師要引導他們會「估商」，從有把握的商數開始，估多了會往下修正、估少了會往上修正。估商在除數二位時難度增加，沒有九九乘法可背，除數要以最接近的整10來估商，商數通常需要往下、往上修正。除法有餘數時對學童更是困難，除數一位背九九乘法也找不到答案，除數二位要看餘數來調整商數，這些都是學童學習除法直式算則時的重點。本題就在評量學童用換單位概念，進行除法直式運算時，他們對餘數意義的掌握。

主題一：整數與概數

學童作答舉隅

> 從作答中可知學童理解餘數數字的意義，知道哥哥拿的是百元鈔票，剩下的2是2張百元鈔票；阿強的錢是十元硬幣，剩下的20是20個十元硬幣。利用「單位換算」的方式，發現阿強和哥哥剩餘的金額是一樣的。

正確例一　　　　　　　　　　**作答說明**

阿強的說法是錯的
因為哥哥的錢是百元鈔票，剩下2張百元鈔票，是200元。
阿強的錢是十元硬幣，剩下20個硬幣，也是200元。
所以，阿強和哥哥剩下的錢是一樣的。

> 學童理解題意，並且從題目訊息得知阿強和哥哥所準備的金額都是5000元，裝入袋子的錢也一樣是600元，推論出剩下的錢也會是一樣的。

正確例二　　　　　　　　　　**作答說明**

阿強最後一句的說法是錯的
哥哥和阿強準備的錢都是5000元，100×50=5000，10×500=5000
放入袋子的錢都是600元，所以剩下的錢也是一樣的才對。

> **作答說明**
> 學童誤認為算式餘數所表示的2就是2元、20就是20元，直觀進行數字的大小比較，對於直式算則中數字的意義不瞭解。

回答錯誤一

阿強說的正確
因為哥哥剩下2，阿強剩下20，20＞2
所以，阿強剩下的錢比較多。

回答錯誤二

阿強說的正確
哥哥的錢是百元鈔票有50張，阿強的錢是10元有500個，50張比較少，分完後剩下的錢也會比較少。

> **作答說明**
> 學童直接從換算的張數及個數去判斷，認為百元鈔票的面額比較大，可以換的張數較少，所以剩下的錢也會比較少。反之，阿強全部都是十元硬幣且有500個，分裝後剩下的錢比較多。

10 玫瑰花有幾朵

老師出了一題數學題目：「快樂社區準備288朵的玫瑰花舉辦插花活動，參加的人數有24人，每6人分一組，每組可以分到幾朵玫瑰花？」

全班討論的作法如下：

> 24÷6＝4（組）
> 288÷4＝72（朵）

小晴將全班討論的結果合併成一個算式：

> 288÷24÷6＝72

你覺得小晴的算式正確嗎？請寫下你的想法。

你覺得小晴的算式正確嗎？

我的想法：

教授的留言板

　　學童學過連除兩步驟問題，將這兩個步驟的解題和答案記成一個算式，這是以鷹架理論為達成教學目標而進行的活動。親師引導學童將解題中先算、後算用併式記成一個算式，這是他們學習兩步驟問題用併式來記錄問題的前置活動。學童要能掌握題意中重要訊息，判斷什麼先算、什麼後算，用括號區別運算的順序。此時，他們尚未學習四則計算的三個運算規則，這區別兩步驟問題中運算順序的表徵符號，不宜按三個運算規則來省略它。本題就是想瞭解學童對兩步驟問題的解題和答案，能否判斷併成一個算式的正確性？

學童作答舉隅

學童正確判斷小晴的作法錯誤，說明理由是他的算式沒有加上括號，並在算式中標示出括號的位置288÷（24÷6）=72。能藉由觀察兩步驟算式與併式之間的關係，察覺兩步驟中先算的算式是24÷6（組），對應在併式記錄中先算的24÷6也要用括號標示出來。對於以併式記法記錄兩步驟問題已充分理解，也能清楚知道併式後的運算次序。

正確例一

小晴的作法錯誤
（24÷6）沒有加括號，
全班討論的時候先算24÷6=4（組），
就是先分成幾組，再平分玫瑰花，
所以合併成一個算式的時候，先算的要加括號，
應該寫288÷（24÷6）=72

作答說明

學童將小晴的算式與情境作連結，解釋小晴的算式是先將玫瑰花平分給24人，再分給6人，與題意每組分到的花有幾朵不符合。正確的作法應該先知道參加人數可以分成幾組，所以併式後要把24÷6加上括號，才會先算出4組，判斷小晴的作法不正確。

正確例二

小晴的作法不正確
288÷24÷6
小晴寫的算式是把288朵花先分給24人後，再把得到的分給6人，變成每人得到花朵，跟題目問每一組分到的花朵數不同。
應該先算出幾組，所以要在24÷6加括號，變成（24÷6）

作答說明

作答說明

學童利用再計算一次所得的結果作為判斷依據，發現小晴的算式算出的答案是2，與全班討論後的兩步驟算式的答案72不同，因此認為小晴的作法不正確。雖然指出錯誤，可算正確例，但無法得知學童對併式的理解。

正確例三

小晴的作法不正確
我重新計算一次，兩個答案不一樣
288÷24÷6
=12÷6
=2

24÷6=4（箱）
288÷4=72（朵）

回答錯誤

小晴的作法正確
因為他有把算式合起來，也有按照順序把數字寫好，數字和答案都一樣。

作答說明

學童不瞭解併式的意義，認為只要把算式合起來就是併式，也誤以為併式中的數字只要依照題目出現的順序列出來就對了，對於兩步驟併式仍存有迷思，也無法知道併式後的運算次序，先算的要加括號。

11 140天的零用錢夠嗎

哥哥和弟弟想要買一輛越野自行車，一輛自行車的價格是14239元，他們打算把零用錢合起來每天存100元，弟弟說：「哇！我們存140天就可以買自行車了。」你覺得弟弟的說法正確嗎？請寫出你的理由。

你覺得弟弟的說法正確嗎?

我的理由:

教授的留言板

　　學童面對生活中的問題，需要根據情境來決定答案。例1：有5人要搭計程車，每輛車可乘4人，需要幾輛計程車？例2：有5朵玫瑰花，每個花瓶可裝4朵，可以裝幾個花瓶？例3：有5張百元鈔票，平分給4個人，每人可分得多少元？分得的錢接近幾個百？它們三者包括了無條件進入、無條件捨去、四捨五入的狀況。學童不能只會用加、減、乘、除計算的結果來找答案，還需根據問題情境來調整計算結果。他們可以從不同的觀點、想法，來表達自己的解題思維。本題可有多元的解題策略，評量目的即在瞭解學童對題意的理解，以及呈現的解題想法。

學童作答舉隅

作答說明

學童知道「無條件進入法」的原理，是以「某位數後面的數全部要算，而且往較高位進一位。」每天存100元就是以「百」為計數單位，不滿百的39元也要進位以百來計數。14239用無條件進入法取概數到百位是14300，14300是143個百，需要存143天才對，因此判斷弟弟的說法錯誤。

正確例一

不正確
每天存100元，表示不滿100元也要算一天，14239可以用無條件進入法取概數到百位是14300，也就是143個百，所以要存143天才夠。

作答說明

學童從弟弟所說的訊息：「要存140天」進行推算，發現每天存100元，140天存下來的金額只有14000元，與自行車的價錢14239相差239元，239元還需要多存3天的錢才夠，因此認為弟弟的說法不正確。

正確例二

不正確
1天存100元，140天只有14000元，自行車的錢是14239元根本不夠，還差了239元，還要多存3天。

正確例三

不正確
14239 ÷ 100 = 142…39，142 + 1 = 143
要143天才存夠錢。

作答說明
學童利用除法算式得到的答案為142餘39元，知道39元未滿百元，還需要多存1天的零用錢。因此，將運算後的答案142天，再多加1天，總共要存143天的零用錢才夠買自行車。

回答錯誤一

弟弟正確
14239用無條件捨去法取概數到百位，就是14000，14000 ÷ 100 = 140
需要存140天，我的作法跟弟弟一樣。

作答說明
學童擷取情境中存100元的訊息，誤用「無條件捨去法取概數到百位」。對於取概數到百位的意思不瞭解，認為百位以下的數字，包含百位都要捨去，得到錯誤的金額14000元，與弟弟所說的答案相同，因此判斷弟弟的作法正確。

回答錯誤二

弟弟正確
100 × 140 = 14000
14000最接近14239，所以需要存140天就可以買自行車，我的想法跟弟弟一樣。

作答說明
學童利用估算100 × 140 = 14000的方式，得到答案14000元，以為14000元最接近自行車的總價14239元，因此判斷弟弟的說法是對的。對於生活中使用概數的情境不理解，也無法正確使用取概數的方法解決問題。

12 發票上的數字

　　姐姐買了一瓶香水送給媽媽當作母親節禮物，發票不小心弄髒了（如右下圖）。他只記得部分訊息：

「香水的價錢是三位數，三個數字沒有重複。」

「個位數字是4。」

「四捨五入取概數到百位後是900元。」

請問香水的價錢最高是多少元？說明你判斷的理由。

香水的價錢最高是多少元？

我判斷的理由：

教授的留言板

　　學童碰到的概數問題，通常就是將一個數依指定的位名來取概數。他們可能只是機械性用口訣回答問題，未必能運用概數概念來解決問題。親師透過數學教學，引導學童有概念理解、程序執行、應用解題的能力；但更進一步需培養他們推理、溝通、連結的高階能力。這是一題將概數概念運用到生活情境中的問題，利用姐姐記得的部分訊息，來推知發票的確實金額。學童除了用概數的相關知能來推理外，還要能連結三位數的概念，才能解決本題的問題。要求他們將解題想法或判斷理由寫出來，這也是一種溝通能力的呈現。

學童作答舉隅

> 學童理解四捨五入取概數有捨去和進位的特性，先利用位值表判別十位數字能填入的數字，推論出三位數的範圍（854～944）。再依據題目的相關訊息淘汰重複出現的數字，判定香水最高的價錢是934元。
>
> **作答說明**

正確例一

香水的價錢最高是934元
因為四捨五入取概數到百位是900，
所以十位有可能是捨去的4、3、2、
1、0和進位的5、6、7、8、9，三位
數854～944都有可能，數字不能重複
944不行，所以價錢最高是934元。

百	十	個
8	5.6.7.8	4
9	0.1.2.3.4.	

正確例二

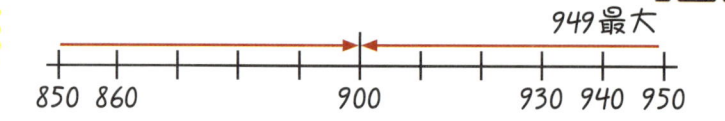

949最大

850 860   900   930 940 950

香水934元
四捨五入取概數到百位是900，畫圖就知道數字可能範圍是850~949
題目有說個位數字是4，而且最大的數可能是914、924、934、944
數字又不能重複，所以選擇934。

作答說明

> 學童理解四捨五入取概數的數字有兩個區域範圍，有可能從高位的捨去和低位的進位，利用數線圖找出三位數的範圍：850～949，再依據題目的相關訊息「最高的價錢」、「數字不重複」、「個位數字是4」一一刪除不可能的數字，判定香水最高的價錢是934元。

> 學童理解四捨五入法取概數到百位的意義，推測數字有可能800多或900多，再利用數線圖找到三位數字的範圍是850~949。接著透過題目的提示判定最大數字是944，可惜忽略題意中「三個數字沒有重複」的訊息而回答錯誤，應該選擇934才是正確的。

作答說明

部分正確

香水944元

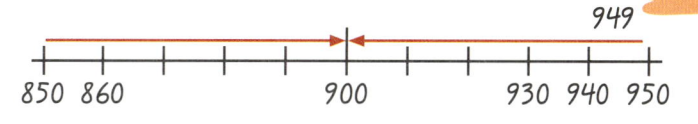

```
        ────────────→│←────
   ┼──┼──┼──┼──┼──┼──┼──┼──┼──┼──┼
  850 860           900        930 940 950
                                         949
```

四捨五入法取概數到百位是900，就是十位遇到5要進位、4要捨去，所以有可能800多或900多，畫圖知道數字在哪裡了→850~949
題目有說個位數字是4，而且是最大的數，可能是914、924、934、944
☐ 944最大

作答說明

> 學童直接從題目擷取「900」、「個位數字4」、「價錢最高」等訊息，判定符合的數字是994，不理解四捨五入取概數的意義，也無法進行相關的解題活動。

回答錯誤

994
題目中有說「是900」、「個位數字4」、「價錢最高」，所以符合題目的就是994。

主題一：整數與概數

13 驚「夏」特賣會

陳爸買新房子了，他想要為新家購買4臺相同品牌、相同型號的冷氣機。家電特賣會上有兩家電器行推出促銷活動（如下圖），同樣的價錢、不同的優惠，你覺得陳爸應該選擇哪一家電器行比較划算？請寫出你的理由。

K 牌變頻冷氣 32900 元	K 牌變頻冷氣 32900 元
總價千元以下（含千元）免收	每臺百元以下（含百元）免收
安全電器行 驚夏促銷	向上電器行 今嚇促銷

陳爸應該選擇哪一家電器行比較划算？

我的理由：

教授的留言板

　　學童學習以無條件進入、無條件捨去、四捨五入等方法取概數，他們很習慣將題目中某數依指定的位名取概數；對於生活中相關取概數的用語，也應該有機會多接觸、多瞭解，並且有能力去思考、去解題，他們才算是真正理解概數的概念。學童要能連結及運用所學的知能，並能靈活的掌握及解決生活中的問題。面對商家常常舉辦的促銷活動，他們也可先想想要怎麼購買才划算，這樣的經驗將會提升未來生活的能力。本題是一個生活中常見的促銷活動，兩個商家的促銷方案不同，學童需根據題目中的訊息來進行解題。

主題一：整數與概數

學童作答舉隅

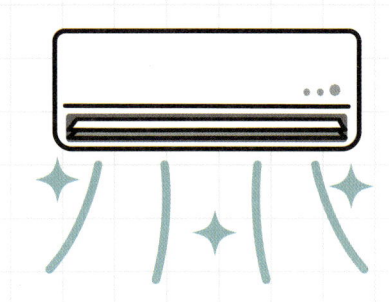

正確例一

向上電器行
32900元百元以下免收→900×4＝3600，免收3600元
32900元千元以下免收→只取千位計算2900×4＝11600
免收1600元
3600＞1600

作答說明

學童先算出兩家電器行免收的金額，再進行比較。運用無條件捨去法知道百元以下捨去（包含百元），1臺免收的錢是900元，4臺冷氣機免收的總金額是3600元。千元以下免收（包含千元），利用只取千位計算，得到4臺冷氣機免收的金額是1600元。3600>1600，所以選擇向上電器行比較划算。學童理解生活中使用概數的情境，也能正確使用取概數的方法解決問題。

正確例二

向上電器行
每臺百元以下免收，就是無條件捨去法到千位
32900≈32000，32000×4=128000
總價千元以下免收，就是取到萬位，先算出4臺的錢，再用無條件捨去法到萬位。
32900×4=131600
131600≈130000
130000＞128000

作答說明

學童算出總價再進行比較，先用無條件捨去法取概數到千位，算出向上電器行4臺冷氣機的總價約128000元。接著算出安全電器行4臺冷氣機的總價131600元後，再用無條件捨去法取概數到萬位，算出的金額約130000元，130000元>128000元，因此選擇向上電器行。對於無條件取概數的方法已經非常熟悉，也能正確使用近似符號「≈」表示概數。

作答說明

學童先算出總價再進行比較，知道百元以下免收的意義。將每臺冷氣的費用先用無條件捨去法取概數到千位，算出向上電器行總價約128000元；再算出安全電器行的總價為131600元，取概數到萬位是130000元，經比較後卻誤植答案為安全電器行。雖然回答的答案錯誤，但學生理解情境中先取概數再計算及計算後再取概數的語意，使用取概數的方法也正確，顯示對於大數取概數的概念是清楚穩固的。

部分正確

安全電器行
32900百元以下免收，先取概數到千，32⑨00→32000，32000×4=128000
32900×4=131600，千元以下免收，取概數到萬，13①600→130000

回答錯誤一

安全電器行
32900×4=131600，千元以下免收→130600
32900×4=131600，百元以下免收→131000
131000＞130600

作答說明

學童先算出總價再進行比較，但是誤解百元以下（含百元）、千元以下（含千元）免收的訊息，誤將4臺冷氣機總價131600中的千元和百元捨去，得到的金額是130600元和131000元，因為131000元＞130600元，因此錯誤判斷安全電器行比較划算。

回答錯誤二

安全電器行
一個是萬元以下免收，一個是千元以下免收
「萬」比「千」大，不用算就知道，所以安全電器行比較划算。

作答說明

學童不瞭解「總價萬元以下免收」、「千元以下免收」的訊息，直接以位值單位進行比較，認為「萬」比「千」大，因此錯誤選擇安全電器行。對於取概數的語意不清楚，也無法利用取概數的方法解決問題。

主題二 分數與小數

14 巧克力有幾盒

一盒巧克力有8顆，爸爸買了2盒，萱萱放學回家後看到巧克力被吃了一些（如下圖）。

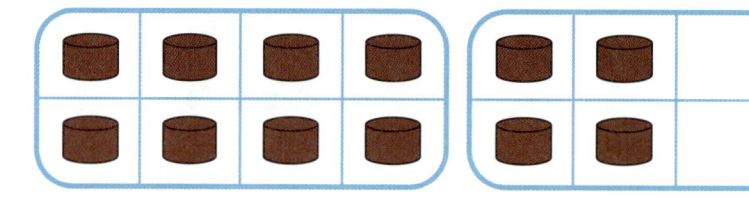

萱萱說：「巧克力現在還有 $\frac{12}{16}$ 盒。」

你覺得萱萱的說法正確嗎？請把你的理由寫出來。

你覺得萱萱的說法正確嗎？

我的理由：

教授的留言板

　　學童學習假分數、帶分數是在單位分數累算下形成，例如：$\frac{2}{3}$有2個$\frac{1}{3}$、再1個$\frac{1}{3}$有3個$\frac{1}{3}$是$\frac{3}{3}$就是1、再1個$\frac{1}{3}$有4個$\frac{1}{3}$是$\frac{4}{3}$也是$1\frac{1}{3}$、再1個$\frac{1}{3}$有5個$\frac{1}{3}$是$\frac{5}{3}$也是$1\frac{2}{3}$、……，他們能將單位分數當作單位量進行計數，以及掌握整體「單位量1」是重要關鍵。當學童從圖示知道幾個幾分之一是1，比它大或一樣大時就開始認識假分數，這時假分數配合圖示很容易換成帶分數表徵。親師從概念性理解來引導他們認識假分數、帶分數，這有意義的學習遠比用宣告而造成的機械性操作重要。本題就是想瞭解學童對假分數概念的理解，並能判斷題目中訊息的正確性。

學童作答舉隅

正確例一

萱萱的說法不正確
1盒巧克力只有8顆，不是16顆。
萱萱家的巧克力有完整的1盒，另外1盒還有4顆，是4個 $\frac{1}{8}$ 盒。
所以，合起來巧克力應該是 $1\frac{4}{8}$ 盒才對。

1盒

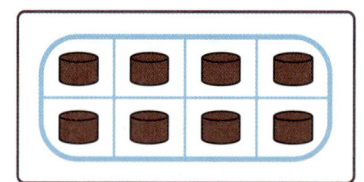

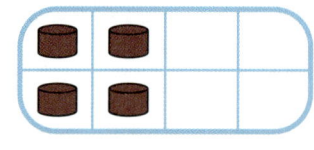

作答說明

學童透過圖像表徵表示整體1的單位是8顆巧克力，另一個是由4個 $\frac{1}{8}$ 所累加的單位分量，因此知道萱萱家的巧克力還有 $1\frac{4}{8}$ 盒，不是 $\frac{12}{16}$ 盒。對於帶分數由整數單位和分數單位所合成的結果非常清楚，且能用正確的帶分數數詞說明圖示上的量。

> 學童知道1盒巧克力只有8顆，1顆是 $\frac{1}{8}$ 盒，透過累數幾個 $\frac{1}{8}$ 的策略發現 $\frac{12}{8}$ 盒的量比1盒多。對於單位1與單位分數的關係已建立概念，也能掌握分數數詞與數量的連結。

作答說明

正確例二

萱萱的說法不正確

1盒巧克力有8顆就是 $\frac{8}{8}$，1顆是 $\frac{1}{8}$ 盒。

萱萱家的巧克力有12顆是12個 $\frac{1}{8}$ 盒，也就是 $\frac{12}{8}$ 盒，$\frac{12}{8}$ 盒比1盒多，不可能是 $\frac{12}{16}$ 盒。

正確例三

萱萱的說法不正確

1盒巧克力有8顆，萱萱家的巧克力是 $1\frac{4}{8}$ 盒是帶分數，比1盒還多。$\frac{12}{16}$ 盒是真分數，比1盒還少。

作答說明

> 學童已認識帶分數、真分數的意義，理解真分數是比1還小的分數，$\frac{12}{16}$ 盒是真分數。萱萱家的巧克力 $1\frac{4}{8}$ 盒是帶分數比1盒還多，所以萱萱的說法是錯的。

回答錯誤

萱萱說對了
1盒巧克力有8顆，2盒就是16顆，16－4＝12，所以巧克力還剩下 $\frac{12}{16}$ 盒。

作答說明

從答題中可發現學童對於分數整體1的概念不清楚，本題為離散量的情境，巧克力以8顆為1盒而非16顆。另一方面受到整數計算的影響，認為1盒有8顆，2盒就是16顆，吃掉4顆後的剩餘數量就是12顆；接著又以分數概念中部分與全體的關係，將分母16視為全部量，12是部分量，對於分數的概念仍有迷思，也不理解帶分數的意義。

memo

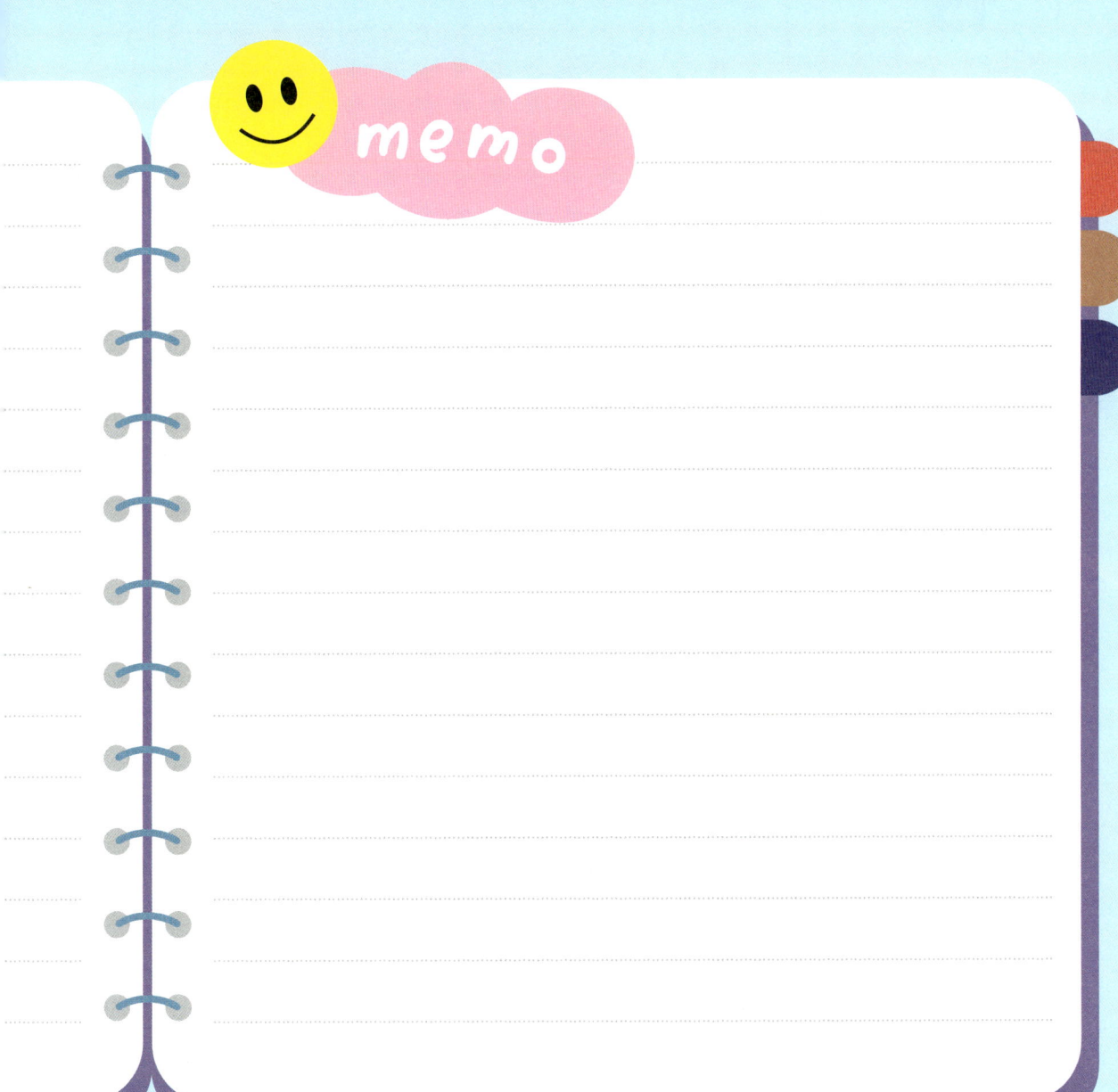

15 水餃大車拼

媽媽到超市買了幾盒水餃，一盒水餃有8顆，晚餐時爸爸吃了 $1\frac{6}{8}$ 盒，弟弟吃了 $\frac{12}{8}$ 盒。請先畫出爸爸和弟弟吃的水餃（可用O表示），再比比看誰吃的水餃比較多？

請分別畫出爸爸和弟弟吃的水餃

比比看誰吃的水餃比較多：

教授的留言板

　　學童已從連續量、離散量情境的「部分－全體關係」，認識單位分數及真分數，現在從同分母分數的「單位分數累數」，認識真分數、假分數、帶分數。這些名詞的引入，老師要多舉一些不同情境的例子。例如：1個$\frac{1}{5}$條是$\frac{1}{5}$條、2個$\frac{1}{5}$條是$\frac{2}{5}$條、……、5個$\frac{1}{5}$條是$\frac{5}{5}$條也是1條、6個$\frac{1}{5}$條是$\frac{6}{5}$條也是$1\frac{1}{5}$條、7個$\frac{1}{5}$條是$\frac{7}{5}$條也是$1\frac{2}{5}$條、……，以上只是一個情境的例子；接著讓學童將一些連續量、離散量（單位分數內容物為單一個物）不同情境例中的分數分類，教師可適度的引導先將分子比分母小（例如：$\frac{1}{5}$、$\frac{4}{5}$、……）、分子比分母大或一樣（例如：$\frac{5}{5}$、$\frac{6}{5}$、$\frac{7}{5}$、……）的分數分別列出，再將第二類分數，按不同表徵列出，例如：$\frac{5}{5}$、$\frac{7}{5}$、……，又例如：$1\frac{2}{5}$、$1\frac{4}{5}$、……，才宜進行命名活動。進行命名活動的目的，只是要學童看出這三類的特徵，例如：分子比分母小的分數、分子比分母大或一樣的分數、有整數在一起的分數，接著教師可宣告分別稱為真分數、假分數、帶分數，對學童的概念學習才有意義。

學童作答舉隅

正確例一

爸爸吃的水餃 $1\frac{6}{8}$ 盒

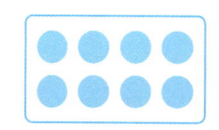

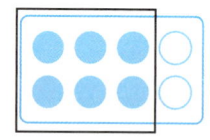

我把弟弟吃的 $\frac{12}{8}$ 盒變成 $1\frac{4}{8}$ 盒，再畫圖就知道是多少了。

弟弟吃的水餃

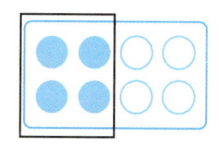

所以爸爸吃的比較多。

作答說明

先將假分數 $\frac{12}{8}$ 盒轉化為帶分數 $1\frac{4}{8}$ 盒後，再用畫圖表示爸爸與弟弟所吃的水餃；從作答得知學童已經理解假分數、帶分數間的關係，並能正確進行互換，對於假分數和帶分數的意義及圖像表徵也能充分掌握。

正確例二

一盒有8顆，我知道$\frac{1}{8}$盒就是1顆，爸爸吃$1\frac{6}{8}$盒是$\frac{14}{8}$盒，$\frac{14}{8}$盒是14個$\frac{1}{8}$盒，也就是14顆。

$\frac{12}{8}$盒是12個$\frac{1}{8}$盒，也就是12顆，弟弟吃了12顆水餃。

14＞12，爸爸吃的多

作答說明

學童知道一盒有8顆，$\frac{1}{8}$盒就是1顆，表示已經瞭解整體量與等分割後細分量的關係，並將帶分數$1\frac{6}{8}$盒轉化為假分數$\frac{14}{8}$盒，再比較兩人所吃的顆數，得知14顆比12顆多。

> **部分正確**
>
> 爸爸吃的水餃 $1\frac{6}{8}$ 盒　　　弟弟吃的水餃 $\frac{12}{8}$ 盒
>
> ●●●●●　●●●●●　　　●●●●●　●●●●●
> ●●●●●　　　　　　　　●●
>
> 爸爸吃的比較多

> **作答說明**
>
> 學童能正確回答爸爸吃的水餃較多，也能正確用畫圖表示爸爸所吃的顆數，但是卻將弟弟所吃的顆數畫錯，受整數十進結構的影響，誤將 $\frac{12}{8}$ 視為1盒又2顆。透過圖示可知學童沒有畫出1盒，缺乏整體1的概念；假分數、帶分數的意義也不瞭解，故無法利用圖象表徵進行解題。

> **回答錯誤**
>
> 弟弟吃的多，因為 $\frac{12}{8}$ 有12，$1\frac{6}{8}$ 只有6，12比6大

> **作答說明**
>
> 學童對於假分數、帶分數的轉換無法理解，無法用圖示進行假分數、帶分數兩個分數的大小比較。在比較時忽略了帶分數 $1\frac{6}{8}$ 盒中的1盒，只從兩個分數中分子的數字大小進行判斷（12比6大），認為弟弟吃的多。

memo

16 迴力車比賽

學校舉辦迴力車比賽，參賽的車子要從數線0的位置開始。阿江的車子跑了 $1\frac{3}{4}$ 公尺，小君車子的位置如下圖，小君說：「我的車子跑得比阿江遠。」小君的說法正確嗎？請把你的理由寫出來。

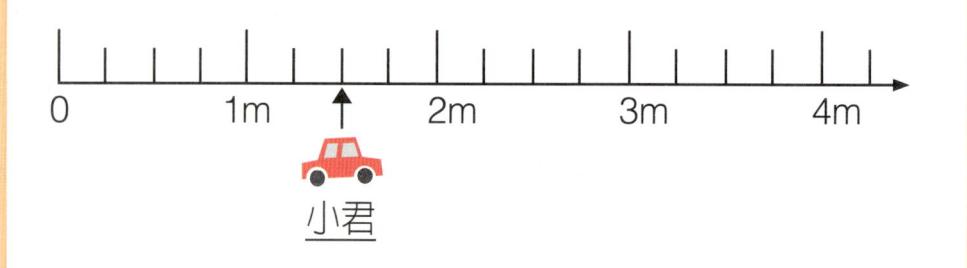

小君

小君的說法正確嗎？

我的理由：

教授的留言板

　　學童認識單位分數、真分數後，就會學習帶分數、假分數，以及相關的分數數線，進而學習這些分數的比較，還有加減計算。長度的分數數線看起來很簡單，對學童而言卻是有些複雜的。他們要認識數線上1大格代表多長、1大格有幾小格、1小格是多長外，還要知道間距和刻度的關係。間距可稱為距離、間隔，通常指的是1小格的長，幾小格就會形成1大格。刻度只是位置概念，它是從刻度0開始點數有多少個間距，由這些間距形成長度量的表徵。學童常見的迷思概念是間距和刻度的混淆、單位量1的掌握。本題就在評量學童能否正確知道這些概念，並能做帶分數或假分數的比較。

主題二：分數與小數

學童作答舉隅

正確例一

小君的說法不正確

數線上一大格是1公尺，平分成4段每一小段就是 $\frac{1}{4}$ 公尺

小君的車子是6個 $\frac{1}{4}$ 公尺，在 $\frac{6}{4}$ 公尺的位置

阿江的車子是在 $1\frac{3}{4}$ 公尺的位置，$1\frac{3}{4} = \frac{7}{4}$

$\frac{7}{4} > \frac{6}{4}$，阿江的車子比較遠

作答說明

以1為參考點先找到小君車子是 $\frac{6}{4}$ 公尺，再轉換兩個假分數進行大小比較。學童知道數線上一大格是1公尺，平分成4段每一小段就是 $\frac{1}{4}$ 公尺，累數6個 $\frac{1}{4}$，找到小君的車子是 $\frac{6}{4}$ 公尺，再將 $1\frac{3}{4}$ 公尺換算成 $\frac{7}{4}$ 公尺，因而判斷阿江的車子跑得比較遠，小君的說法不正確。

> **作答說明**
>
> 學童以1公尺和2公尺為參考點，找到小君的車子在 $1\frac{2}{4}$ 公尺處，再比較兩個帶分數 $1\frac{3}{4}$ 和 $1\frac{2}{4}$，知道 $1\frac{3}{4} > 1\frac{2}{4}$，判斷阿江的車子跑得比較遠，小君的說法錯誤。

正確例二

小君的說法不正確

小君的車子在1公尺和2公尺中間一半的位置，所以是 $1\frac{2}{4}$ 公尺

阿江的車子是在 $1\frac{3}{4}$ 公尺的位置，

$1\frac{3}{4} > 1\frac{2}{4}$，阿江的車子比較遠

部分正確

小君的說法正確

1公尺平分4份，一小格是 $\frac{1}{4}$ 公尺

阿江的車子是在 $1\frac{3}{4}$ 公尺的位置，距離2公尺差1小格是 $\frac{1}{4}$ 公尺

小君的車子，距離2公尺差2小格是 $\frac{2}{4}$ 公尺

$\frac{2}{4}$ 公尺 $> \frac{1}{4}$ 公尺，小君的車子比較遠

> **作答說明**
>
> 學童以2公尺為參考點，比較兩輛車與2公尺的距離分別相差1和2小格，也就是相差 $\frac{1}{4}$ 公尺和 $\frac{2}{4}$ 公尺。進行大小比較時，$\frac{2}{4}$ 比較大，距離2比較遠；$\frac{1}{4}$ 比較小，距離2比較近，概念清楚說明理由完整。但是寫 $\frac{2}{4}$ 公尺 $> \frac{1}{4}$ 公尺時忽略了這是逆思維的比較，錯當成一般大小的比較，因而誤判小君的說法正確。

作答說明

學童不瞭解分數數線及帶分數的意義，直觀以格子計數並以整數進行大小比較，6格比3格多，錯誤回答小君的車子比較遠。

回答錯誤

小君的說法正確

小君的車子是在6格的位置，$1\frac{3}{4}$是3格

6＞3，小君的車子比較遠

memo

17 下午茶點心

老師在黑板上出了一道數學題目：「媽媽買了3公斤的麵粉要製作下午茶點心，做蛋糕用掉$\frac{7}{5}$公斤的麵粉，烤餅乾用掉$\frac{4}{5}$公斤的麵粉，兩種點心用掉多少公斤的麵粉？」

下面是可可的作法：

$$\frac{7}{5} + \frac{4}{5} = \frac{11}{10}$$

答：共用掉$\frac{11}{10}$公斤麵粉

老師說可可的作法錯了，請他重新修正一次。可可應該怎麼寫才是正確的呢？請寫出正確的算式並說明修正的理由。

請寫出正確的算式

我修正的理由：

教授的留言板

　　學童學習同分母分數的加減，若能以單位分數為單位量進行計算，他們知道是有幾個單位量合起來，或是相差多少？將會在有概念下求解，讓計算變得有意義。學童若用記憶或死背來面對分數的計算，記下了不少加減、乘法、除法的計算口訣，但各類解題的程序都不相同且不易分辨；他們肯定只有剛學時當下管用，產生了即學、即考、即樂的現象，當各類題型在一起就可能是即忘、即混、即亂。學童若能以單位分數做單位量進行計算，其背後概念清楚造成出錯的可能性微乎其微。本題即在評量他們對同分母分數的掌握，以及加減結果的判斷。

主題一：分數與小數

學童作答舉隅

作答說明

學童知道分數的加法運算，是透過幾個同分母的單位分數合成的結果，藉由計數幾個 $\frac{1}{5}$ 即可算出答案，$\frac{7}{5} + \frac{4}{5}$ 是 $(7+4)$ 個 $\frac{1}{5}$，也就是 $\frac{11}{5}$，因此判斷可可的作法錯誤，並寫出正確算式及答案。

正確例一

$$\frac{7}{5} + \frac{4}{5} = \frac{11}{5}$$

$\frac{7}{5}$ 是7個 $\frac{1}{5}$，$\frac{4}{5}$ 是4個 $\frac{1}{5}$，7個和4個合起來是11個 $\frac{1}{5}$，是 $\frac{11}{5}$，不是 $\frac{11}{10}$。

作答說明

學童比較題目中兩個分數的大小，再利用估算的策略判斷算式合理性。發現 $\frac{7}{5} > \frac{11}{10}$，所以答案不可能越加越小。接著再從算式 $\frac{7}{5} + \frac{4}{5}$ 做分析，發現 $\frac{7}{5}$ 比1多2個 $\frac{1}{5}$，再加上與接近1的 $\frac{4}{5}$ 合起來會比2大，因此判定答案 $\frac{11}{10}$ 不合理。已具有假分數與真分數的數感，對於假分數與真分數的合成概念清楚。

正確例二

$$\frac{7}{5} + \frac{4}{5} = \frac{11}{5}$$

$\frac{7}{5}$ 是1又多2個 $\frac{1}{5}$，比 $\frac{11}{10}$ 大，所以不可能越加越少

$\frac{7}{5}$ 比1多2個 $\frac{1}{5}$，再加上快接近1的 $\frac{4}{5}$，合起來比2大，$\frac{11}{10}$ 才1又多一點，所以可可作法不對。

作答說明

學童寫出正確算式，並知道進行分數的加法運算時分母要相同，但是對於答案是 $\frac{11}{5}$ 而不是 $\frac{11}{10}$ 時，只寫出不可以合併在一起，未敘明是以 $\frac{1}{5}$ 為計數單位，而非以 $\frac{1}{10}$ 為計數單位，說明理由不完整。

部分正確

$\frac{7}{5} + \frac{4}{5} = \frac{11}{5}$

分數加法時分母要一樣，不可以合併在一起，可可寫錯了。

作答說明

學童受題目語意「用掉」的影響，認為是減法算式，因此將算式修正為 $\frac{7}{5} - \frac{4}{5} = \frac{3}{5}$。進行文字應用題的解題活動時，學童容易擷取題目中「共、多、少、減掉」等關鍵字作為進行加減運算的依據，而非從澄清問題、瞭解題意作為思考面向，導致解題上遇到困難。

回答錯誤一

$\frac{7}{5} - \frac{4}{5} = \frac{3}{5}$

題目說是用掉，所以要用減的，可可寫錯了。

作答說明

學童受整數加法的影響，認為答案應該是分母＋分母、分子＋分子，且認為可可的答案是正確的。

回答錯誤二

$\frac{7+4}{5+5} = \frac{11}{10}$ 　$5+5=10$，$7+4=11$

可可的答案是對的。

18 阿婆的茶葉蛋

　　1盒雞蛋12顆，王阿婆賣茶葉蛋每天要用掉$2\frac{1}{3}$盒雞蛋。有客人跟他訂了3天分量的茶葉蛋，但是王阿婆不知道要準備多少盒，請孫女小芽幫忙算一算，小芽說：「阿婆！你準備7盒雞蛋就夠了。」

　　你同意小芽的說法嗎？請寫出你的想法。

你同意<u>小芽</u>的說法嗎？

我的想法：

教授的留言板

　　學童學假分數、帶分數時，一定會用連續量或離散量表徵，強化他們的相關概念。通常，離散量對學童而言較為困難，尤其是單位分數內容物為多個個物，例如：1袋麵包有6個，$\frac{1}{2}$袋有3個、$\frac{1}{3}$袋有2個麵包，學童常見的迷思概念是$\frac{1}{2}$袋、$\frac{1}{3}$袋都是1個麵包。現在，學童要在這些基礎上學習「分數的整數倍」，他們可以從假分數、帶分數直接求解，也可從內容物來解題；他們對分數乘以整數的運算也有迷思概念，就是和擴分的運算混淆。本題利用生活情境來設計分數的整數倍問題，想瞭解他們的分數概念及運算想法。

學童作答舉隅

作答說明

學童先列出算式並說明算式的意義，將帶分數 $2\frac{1}{3}$ 看成整數2和 $\frac{1}{3}$ 兩個單位來計算，先算2的3倍是6，再算 $\frac{1}{3}$ 的3倍是1，合起來剛好是7盒。

正確例一

同意，小芽說對了

$2\frac{1}{3} \times 3$
$= 6\frac{3}{3}$
$= 7$

2盒的3倍是6盒，$\frac{1}{3}$ 有3個剛好是1盒，所以是7盒

正確例二

同意，小芽是對的

$2\frac{1}{3} \times 3$
$= \frac{7}{3} \times 3$
$= \frac{21}{3}$
$= 7$

作答說明

學童將 $2\frac{1}{3}$ 換成假分數計算，以 $\frac{1}{3}$ 盒為計數單位共有7個 $\frac{1}{3}$ 盒，7的3倍是21，是21個 $\frac{1}{3}$ 盒，也就是完整的7盒，能運用假分數、帶分數互換的關係，正確解決帶分數的整數倍問題。

部分正確

不同意，應該是6盒，小芽是錯的

$2\frac{1}{3} \times 3$
$= 6\frac{3}{3}$

完整的1盒有6個，還有不滿1盒的 $\frac{1}{3}$ 有3個

1盒	1盒	○○○○
1盒	1盒	○○○○
1盒	1盒	○○○○

作答說明

學童能依題意列出正確的乘法算式，並用畫圖說明完整的1盒有6個，$\frac{1}{3}$ 盒有3個。但是判斷答案是否為7盒時，只留意整數的答案為6盒，而忽略分數部分，因此回答錯誤。

回答錯誤

不同意，答案不是7盒

$2\frac{1}{3} \times 3$
$= \frac{7}{3} \times 3$
$= \frac{7}{9}$

作答說明

學童將帶分數轉換為假分數後進行乘法計算，誤把 7個 $\frac{1}{3}$ 的3倍，當成 $\frac{7}{3}$ 的 $\frac{1}{3}$ 倍運算，因此計算錯誤。

19 誰吃的披薩比較多

　　媽媽買了兩個不同口味的披薩當作晚餐，披薩的尺寸相同，切成的小份也一樣。晚餐後哥哥和弟弟在聊天：

　　哥哥跟弟弟說：「我學過分數，我剛剛吃了 $\frac{3}{4}$ 個披薩，你吃了 $\frac{4}{8}$ 個，我吃的披薩比較多。」

　　弟弟說：「不對呀！$\frac{4}{8}$ 和 $\frac{3}{4}$ 比，8比4大，4又比3大，所以我吃的披薩應該比較多。」

　　你覺得弟弟的說法正確嗎？請寫出你的想法。

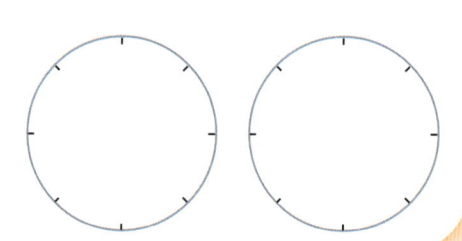

你覺得弟弟的說法正確嗎？

我的想法：

教授的留言板

　　這是簡單異分母分數的大小比較問題，所謂「簡單異分母分數」是指兩個分母有倍數關係，而且不是太大的數。學童此時，已認識「部分－整體」的單位分數、真分數的意義；也能從單位分數「幾分之一」去計數真分數、假分數、帶分數，例如：5個$\frac{1}{6}$是$\frac{5}{6}$、再1個$\frac{1}{6}$合起來是$\frac{6}{6}$也是「1」、再1個$\frac{1}{6}$合起來是$\frac{7}{6}$也是$1\frac{1}{6}$。異分母大小比較和加減計算的學習，通常會經過等值分數、擴分和約分兩個階段，最後才會用通分進行可解題的分母處理。此題尚在第一階段的評量題，瞭解學童對簡單異分母的概念，能否以共測單位來掌握兩個異分母分數的關係？

主題二：分數與小數

學童作答舉隅

作答說明

學童以 $\frac{1}{2}$ 為參照量，進行 $\frac{3}{4}$ 和 $\frac{4}{8}$ 兩個異分母分數的比較時，判斷是否比 $\frac{1}{2}$ 大即可知道大小，對於 $\frac{1}{2}$ 的等值分數已能充分掌握。

正確例一

弟弟說錯了

$\frac{4}{8}$ 剛好是一半也就是 $\frac{1}{2}$，$\frac{3}{4}$ 已經超過了一半，$\frac{3}{4}$ 比 $\frac{4}{8}$ 大，所以哥哥吃的披薩比較多。

正確例二

我覺得弟弟說法不正確，用畫圖比一比就知道

哥哥 $\frac{3}{4}$ 個披薩　　　弟弟 $\frac{4}{8}$ 個披薩

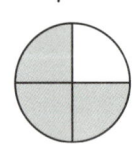

$\frac{3}{4}$ 比 $\frac{4}{8}$ 多了 1 個 $\frac{1}{4}$，哥哥吃的披薩比較多。

作答說明

學童以畫圖的方式呈現哥哥與弟弟所吃的披薩量，正確畫出 $\frac{3}{4}$ 個披薩和 $\frac{4}{8}$ 個披薩，再進行分數的比較，對於分數的意義與圖示表徵的關係已經形成心像。

作答說明

學童知道同分母才能比較大小，運用等分割成相同份數的概念找到 $\frac{3}{4}$ 的等值分數是 $\frac{6}{8}$，再與 $\frac{4}{8}$ 進行大小比較，發現 $\frac{6}{8}$ 比 $\frac{4}{8}$ 大。

正確例三

弟弟的說法不正確
我把分母都切成一樣的8片就可以比較了
把 $\frac{3}{4}$ 可以分成同分母的8等分，$\frac{3}{4} = \frac{6}{8}$ 再進行比較，$\frac{6}{8}$ 比 $\frac{4}{8}$ 大，所以哥哥吃的多。

作答說明

學童知道分母相同才能進行分數的大小比較，也清楚要將 $\frac{3}{4}$ 的分母變成和 $\frac{6}{8}$ 一樣的8份；但是對於如何變成相同的分母不理解，因此錯用加法將分母和分子同時加上4，變成分母同為8的分數再進行比較。雖然正確回答弟弟說錯了，事實上對於等值分數的意義還需再釐清。

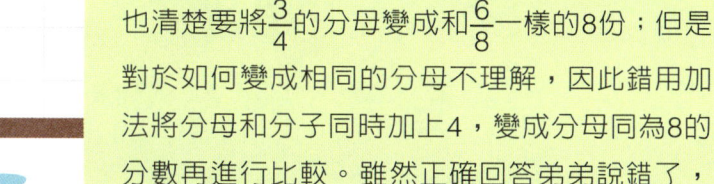

部分正確

弟弟說錯了
把分母變成一樣就可以比較。
把 $\frac{3}{4}$ 的分母變成和 $\frac{6}{8}$ 一樣的8份，$\frac{3+4}{4+4} = \frac{7}{8}$，分子就變成7份，$\frac{7}{8}$ 比 $\frac{6}{8}$ 大，哥哥吃的多。

> **作答說明**
>
> 學童進行異分母分數的大小比較時,直接以分子做判斷,認為分子越大,表示吃的份數比較多,而忽略了分母不同時,應先將分母再細分為相同的分量。

回答錯誤

弟弟說對了
哥哥吃了 $\frac{3}{4}$ 個披薩,就是3片,
弟弟吃了 $\frac{4}{8}$ 個披薩,是吃了4片,
4片比3片多,弟弟吃的多。

memo

20 消失的月餅

中秋節當天爸爸買了一盒月餅和家人分享，月餅共有16顆，其中 $\frac{1}{4}$ 盒是抹茶口味、$\frac{3}{8}$ 盒是鳳梨口味，剩下的是芋頭口味。中午的時候妹妹打開月餅盒，發現少了2顆（如下圖），不見的月餅是什麼口味呢？請把你的作法和理由寫下來。

抹茶	抹茶	抹茶	抹茶
鳳梨	鳳梨	芋頭	芋頭
鳳梨	鳳梨	芋頭	芋頭
鳳梨			芋頭

不見的月餅是什麼口味呢？

我的作法和理由：

教授的留言板

　　學童碰到離散量情境的分數問題，尤其是單位分數內容物為多個個物時，往往會在不同單位間產生轉換困難，例如：1盒有6顆平分成3份，每等分是幾顆？是幾盒？其中有關單位（盒、顆、份）的區別。其實，親師只要以「平分成幾等分」來幫助學童理解就會清楚很多，6顆要平分成3份，每一等分是2顆，2顆在整體量6顆（1盒）來看，就是1/3盒，學童若有此連結的思考就不容易出錯。學童已學過等值分數，本題也可從此方向來解題；藉由等值分數的操作，可協助他們確認各種口味的數量，再進行相關的判斷。

主題二一：分數與小數

學童作答舉隅

作答說明
學童利用等分割的概念，知道平分4份、8份後每一份的個數是幾顆，再進行計算，得到答案芋頭和鳳梨都是6顆，因此缺少的2顆分別是芋頭口味1顆、鳳梨口味1顆。

正確例一
芋頭1顆，鳳梨1顆

1盒有16顆，$\frac{1}{4}$盒就是平分4份，1份就是4顆，抹茶有4顆

$\frac{3}{8}$盒就是平分8份，1份就是2顆，3份共6顆，鳳梨有6顆

芋頭16－4－6＝6（顆）

正確例二
我用畫圖知道少了一顆芋頭和鳳梨
○是抹茶，✿是鳳梨，✓是芋頭

○	○	○	○
✿	✿	✓	✓
✿	✿	✓	✓
✿	✿	✓	✓

$\frac{1}{4}$盒抹茶是4顆

剩下芋頭

$\frac{3}{8}$盒鳳梨是6顆

作答說明
學童依照題意重新畫圖，並用自己的符號表示每個口味的量，再進行比對發現少了2顆的月餅分別是芋頭和鳳梨口味，顯示學童對於分數的圖像表徵已形成心像。

作答說明

學童利用等值分數找到相同的分母,再利用1減掉已知的抹茶口味和鳳梨口味,得知芋頭口味和鳳梨口味的月餅兩者分量相同,因此推論出不見的兩顆月餅分別為芋頭口味和鳳梨口味各1顆。

正確例三

$\frac{1}{4} = \frac{2}{8}$　$1 - \frac{2}{8} - \frac{3}{8} = \frac{3}{8}$

$\frac{3}{8} = \frac{3}{8}$ 鳳梨和芋頭一樣多,所以少了鳳梨和芋頭各1顆

回答錯誤

鳳梨2顆
抹茶已經有一排了
$\frac{3}{8}$ 盒是3顆,所以第四排的鳳梨是3顆
少的是鳳梨口味

作答說明

學童還處於單位分數內容物為單一個物階段,將整體量1盒的16顆,經等分割後的每一份都視為1顆,因此誤認 $\frac{3}{8}$ 盒是3顆,所以第四排不見的月餅是鳳梨口味。

21 吸管吹箭我贏了

小文和佳佳參加吸管吹箭比賽，比賽規則是兩人站在0的位置，吹的箭越遠就是勝利者。小文的吹箭落在1.4的位置，佳佳的吹箭落在$1\frac{3}{5}$的位置。

請先在數線上標示出兩人吹箭的位置，並說明你的作法，再比比看誰贏了。

0　0.1　0.2　0.3　0.4　0.5　0.6　0.7　0.8　0.9　1　　　　　　　　　2

請先在數線上標示出兩人吹箭的位置,再比比看誰贏了?

我的作法:

教授的留言板

　　學童學習分數、小數數線,雖然數的表徵不同,但是相關的數線概念是一樣的。數線上有間距和刻度,間距是數線上相鄰兩刻度間的距離和長度;刻度是從0到此處間距總長的表徵,即是位置。無論分數、小數的數線,學童常見的迷思概念都一樣,他們常把間距和刻度混淆,也弄不清楚共有幾個刻度合起來是「單位量1」,以至於不能分辨0、1、2、……的位置。若將分數和小數都放在同一條數線,其間距表示的距離一樣,分數、小數的表徵就可以混用;學童還要能將分數、小數互換才可靈活運用,也才能進行大小比較。本題想評量學童的分數、小數數線概念,以及能否進行正確位置的刻度大小比較。

主題二:分數與小數

學童作答舉隅

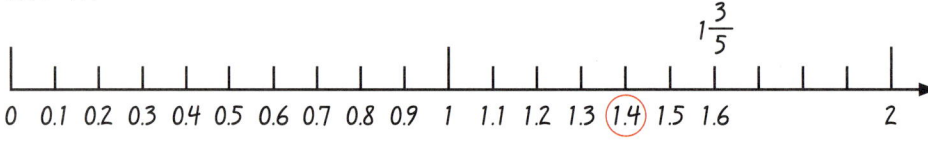

作答說明

學童知道分數、小數的互換，利用等值分數 $1\frac{3}{5} = 1\frac{6}{10}$ 再換成小數1.6，接著與1.4比較，判斷佳佳贏了。

正確例一

在數線上正確標示出1.4和 $1\frac{3}{5}$ 的位置
佳佳贏了
1格是0.1，1.4是14格
$1\frac{3}{5} = 1\frac{6}{10} = 1.6$
1.6 > 1.4

作答說明

學童知道數線的每一格是0.1，先將小數數線上的數字填上。知道 $\frac{1}{5}$ 對應的小數是0.2，$1\frac{2}{5}$ 在數線上是1.4，再推知 $1\frac{3}{5}$ 是1.6，並在數線上正確標示1.4和 $1\frac{3}{5}$ 的位置，且知道1.6＞1.4，所以佳佳勝利。

正確例二

正確標示出1.4和 $1\frac{3}{5}$ 的位置

$\frac{1}{5}$ 是把1分成5等分，

$\frac{1}{5}$ 是2個0.1，$\frac{2}{5}$ 就是0.4，$1\frac{2}{5}$ 是1.4，$1\frac{3}{5}$ 是1.6

$1\frac{3}{5}$ ＞1.4，佳佳贏了

主題二：分數與小數

作答說明

學童以一半做參考，1～2的一半是1.5，知道$1\frac{3}{5}$比1.5大，但是在數線上標示位置時，誤將$1\frac{3}{5}$標示在1.5的位置。

部分正確

正確標示出1.4，但是標錯$1\frac{3}{5}$的位置
1和2的一半是1.5，1.4不到一半
$1\frac{3}{5}$比1.5大，佳佳贏了

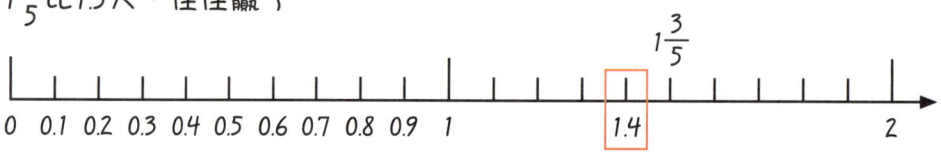

回答錯誤

錯誤標示1.4和$1\frac{3}{5}$的位置
4比3大，
小文勝利

作答說明

學童忽略了1.4和$1\frac{3}{5}$的整數1，直觀認為4比3大，4小格比3小格大，錯誤標示位置，無法在數線上認識分數與小數。

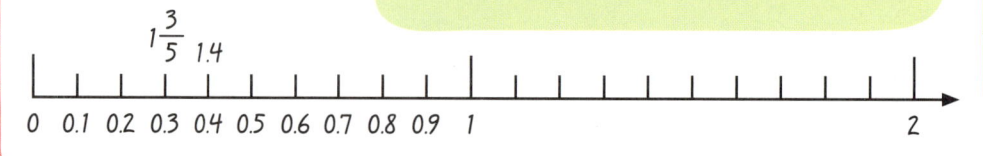

memo

22 馬賽克拼貼

奶奶的生日快到了，<u>小芳</u>和妹妹想要做一幅馬賽克拼貼畫送給奶奶當作生日禮物。<u>小芳</u>把一張厚紙板平分成一百等分當作拼貼的底板（如圖一），請妹妹拿黑色的馬賽克貼滿0.6張的底板當裝飾，妹妹很開心將貼好的底板給姐姐看（如圖二）。你覺得妹妹的貼法是0.6張嗎？請寫出你的想法。

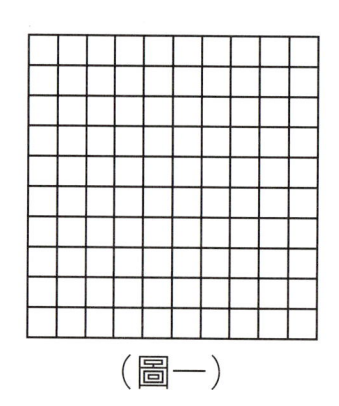

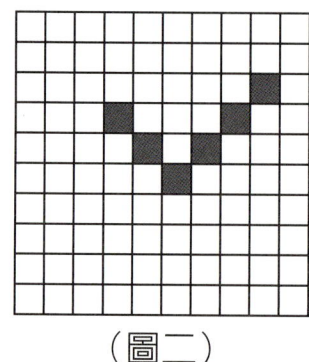

（圖一）　　　　　（圖二）

你覺得妹妹的貼法是 **0.6張**嗎？

我的想法：

教授的留言板

　　我們各版本的教科書，小數教材都是安排在分數教材之後，藉由 $\frac{1}{10}$、$\frac{1}{100}$、$\frac{1}{1000}$ 等的分數概念，來認識0.1、0.01、0.001等的小數意義及名稱。學童在學習二位小數時，已經學過一位小數，對0.1是從「單位量1」分成10份中的1份很清楚。現在要認識二位小數外，還要知道它和一位小數的關係。親師不宜認為小數很簡單，只是將 $\frac{1}{10}$、$\frac{2}{10}$、……、$\frac{9}{10}$、$\frac{1}{100}$、$\frac{2}{100}$、……、$\frac{9}{100}$，換成小數0.1、0.2、……0.9、0.01、0.02、……0.09的名稱而已，殊不知個位、十分位、百分位間仍然有十進制關係，學童在小數的認識和加減運算時，必須對位名或位值本身的概念，以及其間的關係很清楚。尤其，當0.9又0.1是1.0也是1、0.09又0.01是0.10也是0.1、0.99又0.01是1.00也是1、……，這些是很多學童困難之處，會誤以為0.9＋0.1是0.10，0.09＋0.01是0.010，0.99＋0.01是0.100。

主題一：分數與小數

學童作答舉隅

> 學童知道將1平分一百等分後，每一份就是 $\frac{1}{100}$，也就是0.01；0.6是60個0.01，對於0.01與0.6的關係已能充分理解。

正確例一

妹妹貼錯了

姐姐把1張紙平分成100格，一格就是 $\frac{1}{100}$，也就是0.01。

0.6是 $\frac{60}{100}$，是60個0.01，要貼60格，妹妹才貼6格所以錯了。

正確例二

妹妹貼錯了
0.6張要貼成這樣才對

妹妹貼的圖是0.06，要貼60個才是0.6

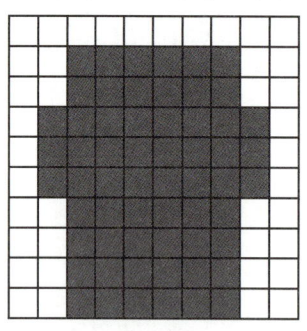

作答說明

學童用畫圖的方式表示0.6張不是6個0.01，而是60個，所以貼滿60格表示0.6張。

部分正確

妹妹貼錯了
0.6張就是60個0.1張，是貼滿60個，
用畫圖的就知道了。

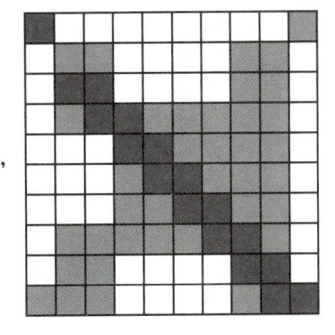

作答說明

學童知道0.6張是貼滿60格，並順著妹妹所貼的方式完成，但是畫圖時卻漏數了一些，所畫的圖並未填滿60格。

回答錯誤

妹妹對了
0.6張就是6格

作答說明

學生誤將$\frac{1}{100}$當作$\frac{1}{10}$，對於整體1細分一百等分與十等分的單位不清楚，因此無法理解0.1與0.01兩個單位所代表的意義。

23 跳遠測驗

體育課時，全班進行體適能跳遠項目的測驗，下面是三位小朋友對自己跳遠成績的說法：

平平：「我跳了1.6公尺遠。」

小夫：「我跳了1公尺7公分。」

安安：「我的成績是152公分。」

請將他們的跳遠成績由遠到近排列出來，並把你的理由寫出來。

請將他們的跳遠成績由遠到近排列出來

我的理由：

教授的留言板

　　學童雖學過公尺和公分的換算關係，但都為複名數的公尺、公分，以及單名數的公分；現在是用一位或二位小數來表徵有多少公尺，這就是單名數小數的公尺。學童在長度單位的換算，常常會將公里和公尺、公尺和公分、公分和毫米弄混；親師可將公里、公尺、公分三者，配合生活中物件產生的量感，一起來討論他們彼此之間的關係，強化學童對這三者的心像，以及前、後相鄰二階單位的換算。長度單位在小數的情境下更加複雜，學童除了要瞭解一位、二位小數的意義外，還要知道相關長度量的換算。本題的評量目標就是想瞭解，他們對一位小數的公尺、複名數的公尺和公分、單名數的公分，能否掌握概念並進行比較。

主題二：分數與小數

學童作答舉隅

> 學童已瞭解公尺與公分的關係,能以二位小數描述物件長為幾公尺,且知道1公分是0.01公尺,並將所有的長度都換為高階單位公尺,再進行大小比較。1公尺7公分是1.07公尺,152公分是1.52公尺;1.6公尺>1.52公尺>1.07公尺,也就是平平跳得最遠且成績最好,其次是安安,最後是小夫。
>
> **作答說明**

正確例一

平平>安安>小夫
1公尺是100公分,7公分是7個0.01公尺,是0.07公尺,
小夫的成績是1公尺7公分,是1.07公尺。
52公分是52個0.01公尺,是0.52公尺,
安安的成績是152公分,是1.52公尺。
所以1.6公尺>1.52公尺>1.07公尺

正確例二

平平>安安>小夫
1公尺是100公分,1公分是$\frac{1}{100}$公尺,也是0.01公尺。
1.6公尺是160個0.01公尺
1公尺7公分是107個0.01公尺
152公分是152個0.01公尺
160>152>107

> **作答說明**
>
> 學童知道1公分是$\frac{1}{100}$公尺,也是0.01公尺,熟悉公尺與公分的關係,並將長度皆轉換為幾個0.01公尺描述,再進行大小比較,察覺160>152>107,由此判別跳遠成績由遠到近為平平>安安>小夫。

正確例三

平平、安安、小夫
1公分是0.01公尺。
平平：1.6公尺是1公尺和60個0.01公尺合起來，也就是160公分
小夫：1公尺7公分是107公分
安安：152公分
160公分＞152公分＞107公分

作答說明

學童熟悉1公分是0.01公尺，並透過二位小數的合成與分解，知道1.6公尺是1公尺和60個0.01公尺合起來，接著將所有的長度換算為公分再進行大小比較，換算結果為160公分＞152公分＞107公分，因而判定平平的跳遠成績大於安安和小夫。

回答錯誤

安安＞小夫＞平平
1公尺7公分是1.7公尺
152公分是1.52公尺
52個0.1比7個0.1大，
所以0.52＞0.7＞0.6

作答說明

學童不清楚公尺與公分的關係，誤將7公分視為7個0.1公尺，不僅對於長度二階單位以大單位描述有困難，在二位小數的大小比較也受整數系統的影響出現迷思，認為0.52＞0.7，因此判斷錯誤。

24 答案比17大嗎

　　小新在書房寫數學作業，他剛剛完成了一題二位小數的計算題：「17.35－9＝17.26」。哥哥在一旁看到小新的作法說：「這一題我不用直式計算，就知道答案不可能比17大。」

　　你覺得哥哥的說法正確嗎？請把你的理由寫出來。

你覺得哥哥的說法正確嗎？

我的理由：

教授的留言板

　　學童學習二位小數加、減計算時，若被加（減）數、加（減）數都是二位小數，他們不太可能會出錯。因為，他們可能只是模仿整數靠右對齊的形式，未真正弄清楚直式算則要同單位才能計算的概念。學童進行小數直式計算，最關鍵的是整數或小數有多單位的概念，相同的單位量才能進行計算。他們學習分數、小數的加、減、乘、除四則計算，若不能理解計算背後的相關概念，只是用口訣來記憶，肯定會在計算時混淆作法。學童在回答本題的二位小數計算問題時，可以用所學直式算則的相關概念，直接演算來回答。他們也可用估算來判斷，這也是一種自我監控答案的能力。

主題二：分數與小數

學童作答舉隅

作答說明

學童已具有小數多單位的概念，知道17.35是17個1，以及3個0.1和5個0.01合起來，看到算式17.35－9能清楚知道減數9代表9個1，17個1減掉9個1的答案不可能還有17，正確答案應該是8.35。且明確指出小新將9看成了0.09才會寫出17.26的答案，因此判斷哥哥的說法正確。

正確例一

哥哥的說法正確
17.35是17個1，以及3個0.1和5個0.01合起來。
17.35－9是17個1減掉9個1，是8個1，不可能還有17個1。
小新把9看成9個0.01，所以才會寫錯答案是17.26，正確答案是8.35。

正確例二

哥哥的說法正確
我用位值表就知道了，17.35每個數字都要對齊位值。
9是9個1，他應該把9放在個位。
17－9＝8，不可能比17大。
小新沒有對齊位值，所以答案17.26是錯的。

十位	個位	十分位	百分位
1	7 . 3	5
	9		

作答說明

學童利用位值表說明17.35和9在位值表上每個數碼所代表的意義，知道9是9個1，9應該放在個位；17－9的答案是8，不可能是17.26，因此符合哥哥的說法答案不可能比17大。

作答說明

學童用直式重新再計算一次，且用兩個直式呈現小新的作法和正確的作法。在正確的直式中標示9要在個位，在9的旁邊加上小數點，就可以區分整數位值和小數位值。而小新在計算時受整數計算的影響對齊最右邊的位值，所以才會算錯答案。

正確例三

哥哥的說法正確
我用直式算算看，9在個位，我把9的旁邊加上小數點，小數計算時小數點要對齊，不是對齊最右邊，正確答案應該是8.35。
小新把9放在最右邊對齊才會算錯。

```
  1 7.3 5          1 7.3 5
-       9        -     9.
  1 7.2 6              8.3 5
```
小新的作法錯了　　　正確

回答錯誤

哥哥的說法錯了
我和小新一樣的算法，
直式要從最右邊對齊，
答案也是17.26。

```
  1 7.3 5
-       9
  1 7.2 6
```

作答說明

學童不具有小數多單位的概念，也不清楚算式中每個數字所代表的意涵。面對二位小數減一位整數時，受整數直式計算的影響，誤以為須對齊最右邊的位值，因此計算了錯誤答案。

25 加油費用

大明和爸爸去加油站加油，95無鉛汽油1公升31.8元，爸爸加了25公升。大明最近正在學小數乘法，他拿出筆和紙算出爸爸加油的費用如下：

$31.8 \times 25 = 79.5$

```
      3 1.8
  ×     2 5
  ─────────
    1 5 9 0
      6 3 6
  ─────────
    7 9.5 0̶
```

答：要付79.5元

你覺得大明的作法正確嗎？請寫出你的想法。

你覺得<u>大明</u>的作法正確嗎？

我的想法：

教授的留言板

　　學童對小數乘法是在整數乘法的基礎下學習的，先是學習一位小數乘以整數，接著是二位小數乘以整數，最後才是小數乘以小數。當小數乘法的乘數是整數時，基本上被乘數有位值「……、百位、十位、個位、十分位、百分位、……」概念，先按照整數乘以整數的方法，再參照位值來處理小數點即可。至於爾後要學習的小數乘以小數，前述的方法就不適用。若學生沒有換單位求算的概念，只記小數乘法中小數點是「幾位乘以幾位，積就是幾位加幾位」，就會常常計算出錯，可見有概念來解題很重要。本題是小數乘以整數的計算，想評量學童能否判斷計算的正確性。

學童作答舉隅

學童熟悉一位小數的乘法直式算則,先用整數計算出7950的答案,再用轉換單位的方式說明7950個0.1是795.0,也是795,因此正確指出直式中積的小數點位置錯誤。

正確例一

作答說明

```
    3 1.8
 ×   2 5
   1 5 9 0
    6 3 6
   7 9.5 0
```
(最後的0被劃掉,小數點位置圈在9.5之間)

不正確
318×25＝7950,7950個0.1是795
大明的小數點點錯了,應該是795.0

正確例二

作答說明

學童利用估算的方式,先說明3公升的油價是90元,已經超過大明運算的79.5元,接著將31.8取整數30計算,估算的答案為750,因此判斷答案的小數點位置錯誤。

不正確
答案不可能是79.5
1公升31.8元,3公升就已經超過了90元了,
因為把31.8看成30,30×25＝750
答案會比750大,大明小數點點錯了,
應該是795

學童指出大明的小數點錯誤，並正確寫出答案是795.0，但是進一步用0.1作為轉換單位說明時卻錯用795個，而非7950個，因此誤寫答案是79.5，錯誤判斷大明是正確的。

作答說明

部分正確

正確
我用整數算出來，大明小數點點錯了，是795.0
795個0.1是79.5

```
      3 1 8
  ×     2 5
    1 5 9 0
      6 3 6
    7 9 5 0
```

回答錯誤

正確
小數點後面的0要去掉，然後再加一個小數點，所以是79.5
我的作法和大明一樣

```
      3 1.8
  ×     2 5
    1 5 9 0
      6 3 6
    7 9.5 0̶
```

作答說明

學童不理解小數點後面去0的意義，僅以口訣小數點後面的0要去掉，誤認為去掉0之後再取一位小數。

26 爸爸的腰圍標準嗎

衛生福利部提醒成年人要注意測量腰圍，並提供標準的數據如下表。爸爸不知道他的腰圍是多少公分，但是他都穿腰圍41吋的褲子，1吋是2.54公分。爸爸的腰圍標準嗎？請說明你的理由。

性別＼類型	標準值	肥胖
男	＜90公分	＞90公分
女	＜80公分	＞80公分

爸爸的腰圍標準嗎？

我的理由：

教授的留言板

　　學童面對生活情境中小數乘以整數的問題，可以用精算、估算來解題。他們會精算當然很好，如果有估算能力在生活中更加便利，出門在外要靠紙筆計算是不具備素養能力的。學童看到「數」要有感覺，尤其看到一些常見的兩數相乘，例如：2×5＝10、4×25＝100、8×125＝1000、……，要能掌握數量多少。他們在生活上需有靈活運用數的敏感度，才能主動操弄數字，而不是被數字操弄。學童在生活上常常會碰到以「吋」來購買物品，例如：幾吋的披薩、幾吋的蛋糕、幾吋的電視、……，此時指的是英寸（inch），1英寸是2.54公分；而1臺尺是30.3公分，1臺寸是0.1臺尺是3.03公分；吋是英寸的簡稱、寸是臺寸的簡稱，兩者是不相同的。本題想評量學童能否掌握吋、公分間的換算，並趁機認識生活上的吋。

學童作答舉隅

正確例一

不標準
把2.54看成2.5，把41吋看成40　2.5×40＝100
爸爸的腰圍比100公分還多，已經超過90公分

作答說明

學童利用估算的方式，將2.54公分和41吋低估為2.5公分及40吋，計算出的結果是100公分，已經超過標準值。

正確例二

爸爸不標準
我先用整數算算看是10414
10414個0.01是104.14

```
      2 5 4
  ×     4 1
    ─────────
      2 5 4
  1 0 1 6
  ─────────
  1 0 4 1 4
```

作答說明

學童先用整數乘法計算出答案10414，再用轉換單位的方式進行換算成幾個0.01，發現爸爸的腰圍是104.14公分，因此判定不標準。

作答說明

學童用直式計算出正確答案，小數點位置也正確，因此判定不標準。對於二位小數的整數倍直式算則清楚。

正確例三

不標準
用直式算就知道

```
      2 . 5 4
  ×       4 1
  ─────────────
      2 5 4
    1 0 1 6
  ─────────────
    1 0 4 . 1 4
```

作答說明

學童用估算的方式，因低估太多，造成答案誤差太大，因此誤判爸爸的腰圍是標準的。

回答錯誤一

標準
學生將2.54看成2，將41吋看成40
2×40＝80

回答錯誤二

標準
84.14＜90

```
      2 . 5 4
  ×       4 1
  ─────────────
      2 5 4
      8 1 6
  ─────────────
      8 4 . 1 4
```

作答說明

學童利用直式算出答案，但是計算過程有誤，錯誤算出答案為84.14公分，84.14公分＜90公分，因此判斷爸爸的腰圍是標準的。

memo

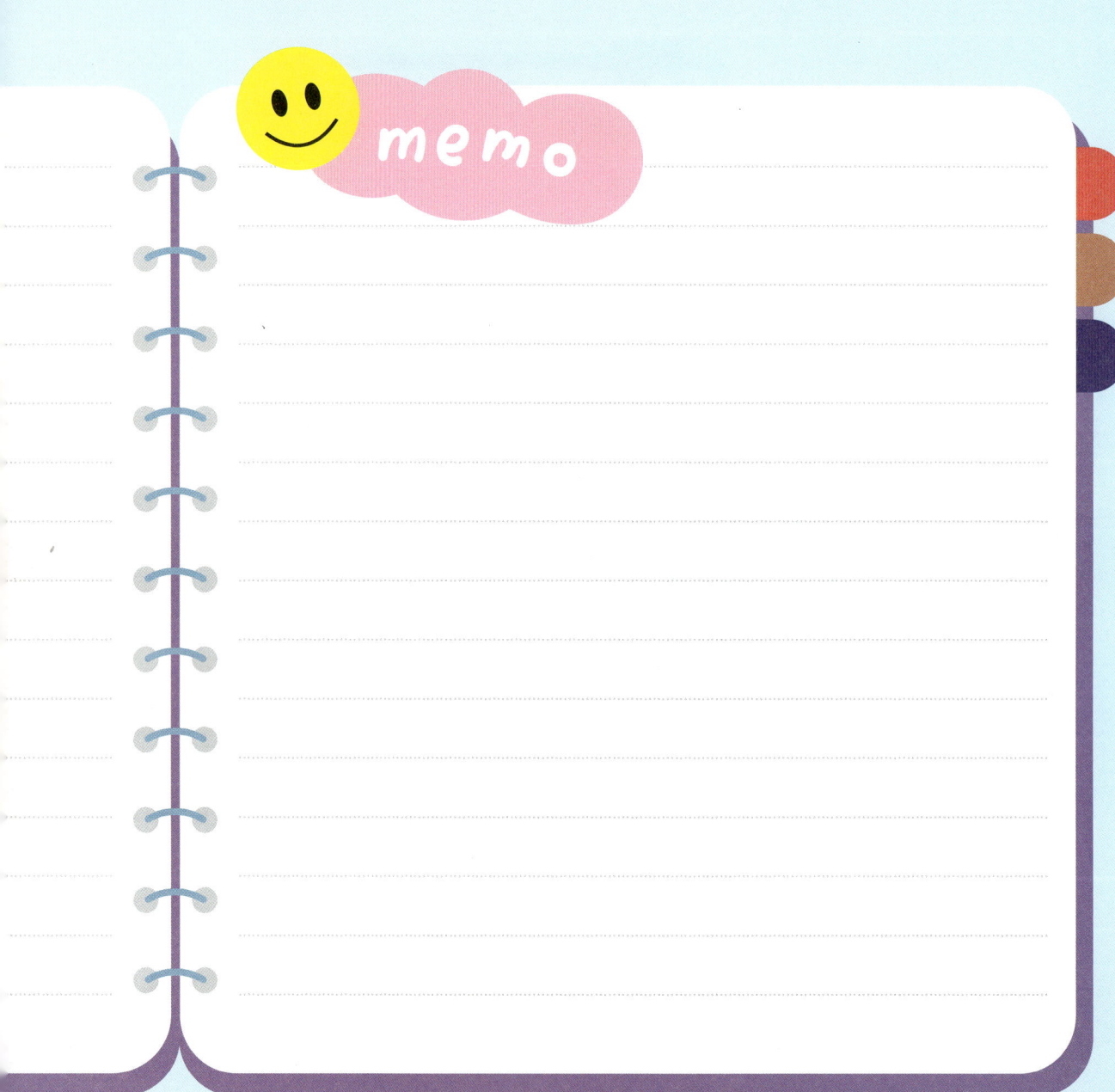

主題三

量與實測

27 奇妙的三角板

　　數學課正在進行角度的單元，老師出了一個任務：「請用量角器畫出一個120度的角。」小香忘了帶量角器，鉛筆盒裡只有兩個三角板（如下圖），他想要用這兩個三角板上的6個角，來畫出一個120度的角，你覺得小香可以完成任務嗎？請說明你的理由。

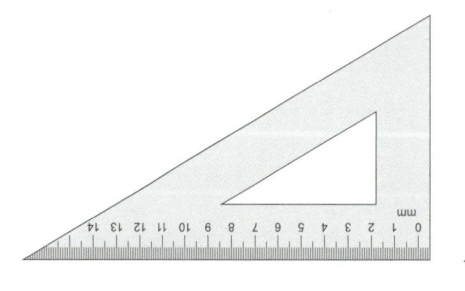

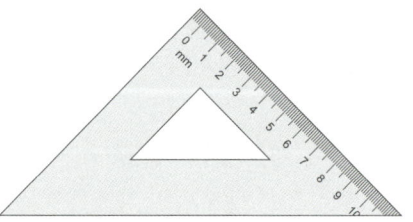

你認為小香可以完成任務嗎?

我的理由:

教授的留言板

　　學童認識「角」,並學過角的直接比較、間接比較後,就會進入角的測量活動,開始認識量角器。透過量角器就會認識三角板上的30度、45度、60度和90度角,此時也會學習角度的合成和分解。學童對三角板的認識,親師不要忽略工具的介紹,多讓學童進行這些角的觀察、比較、測量活動,幫助他們建立兩種三角板的心像。所謂建立三角板的心像,意即想到三角板就能知道它們的形狀,以及各角的大小和角度。當學童有了這些角的心像,可以它們為參考角來進行比對,會有助於判斷各種角的測量結果,並對爾後認識銳角、鈍角更易有概念。本題希望學童能正確看出三角板各角的角度,透過角的合成畫出題目中指定的角度。

學童作答舉隅

正確例一

小香可以完成任務
我用一個有直角的三角板先畫1個直角90°，再用另外一個三角板的30°角來組合就可以拼成120度的角

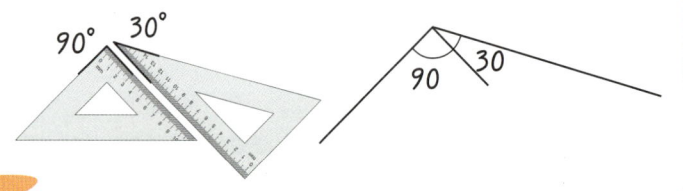

作答說明

在「角度」的單元中，學童有測量三角板上各個角的經驗，對於兩個三角板上6個角的角度已經熟悉，知道其中一個三角板是等腰直角三角形；它的角度分別為90°、45°、45°，利用此三角板中的直角先畫出一個90°的角，再從另一個三角板中畫出30°的角組合成120度，即可完成老師所安排的任務。

正確例二

小香可以完成任務
我用這個三角板來畫角，它有一個角是60°，
用2個60°的角，就可以拼出120°

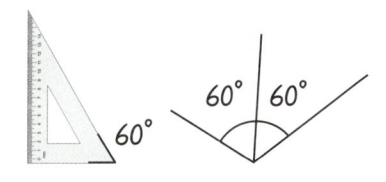

作答說明

學童清楚兩組三角板中有一個三角板的角度是30°、60°、90°，利用其中60°的角複製兩次拼出一個120°的角，就可以完成任務。

部分正確

小香可以完成任務
我用兩個三角板拼出來的

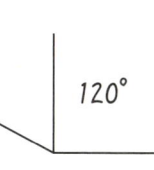

作答說明

學童的答案雖然正確（小香可以完成任務），但是在敘寫理由時並未完整說明是用哪個三角板中的哪些角度所拼成的，說明理由不完整；且畫出的角是由直角和60°的角所組合而成的150°，並非是120°。很顯然學童認識直角，但是對三角板上的其他角度還不清楚，也不具有這些角度的量感，因此無法辨別30°角和60°角的大小，造成畫角錯誤。

> 回答錯誤

小香無法完成老師的任務
因為三角板上沒有告訴我們幾度，只有量角器才有，沒有帶量角器就畫不出來。

> 作答說明

從回答說明來看，學童認識量角器並知道量角器上有刻度，但是沒有測量三角板上各個角度的經驗，所以對於三角板的各個角度不清楚，無法利用這些角畫出120°的角。

memo

28 遊樂園

小花和家人到遊樂園玩，園區發給每人一張簡易的地圖（如下圖）。小花要從小賣鋪走到涼亭吃午餐，他想知道距離是幾公里幾公尺，下面是他的作法：

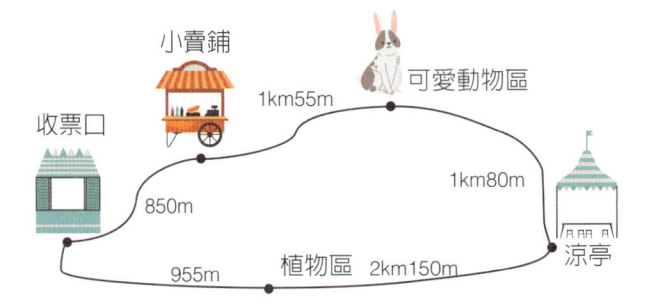

地圖標示：
- 收票口
- 小賣鋪
- 可愛動物區
- 植物區
- 涼亭

路徑距離：
- 小賣鋪 — 可愛動物區：1km55m
- 可愛動物區 — 涼亭：1km80m
- 收票口 — 小賣鋪：850m
- 收票口 — 植物區：955m
- 植物區 — 涼亭：2km150m

小花的作法：

```
       公里  公尺
        1
        1   55
    +   1   80
    ─────────────
        3   35
```

答：距離是3公里35公尺

你覺得小花的作法正確嗎？請把你的理由寫出來。

你覺得<u>小花的作法</u>
<u>正確嗎</u>？

我的理由：

教授的留言板

　　學童面對長度的公里、公尺、公分、毫米，常常不清楚是幾進位的換算。其實從早期的長度教材，出現的單位：公里、公引、公丈、公尺、公寸、公分、公厘（毫米），可看出它們是十進位。筆者並不贊成學童背記這麼多單位，只要認識常用（普遍）單位就好；但是常用單位有千進位、百進位和十進位，學童確實很容易弄混。親師宜在生活中加強學童的量感，例如：大拇指寬接近1公分、二手張開比1公尺長一些、……，在課室中也要多做相鄰兩單位間的操作，建立他們有長度量的心像。爾後碰到兩量換算時，腦袋中先想一想兩者關係，換算就會正確多了！通常在數學教材上，會出現公里是km、公尺是m、公分是cm、厘\毫米是mm的英文符號教學。若學童英語能力不錯，親師可告知英文完整說法，就可知英文中隱含了公尺的千、$\frac{1}{100}$、$\frac{1}{1000}$倍。

學童作答舉隅

作答說明

學童先察覺80公尺＋55公尺的和不滿1公里不須進位；接著指出小花在換算時，誤將1km55m和1km80m換算成155m及180m，判斷小花的作法錯誤，並且算出正確答案應該是2km135m。對於公里與公尺的國際符號清楚，也熟悉兩個單位間的關係，並能利用關係正確的進行長度換算及加法計算。

正確例一

小花是錯的
1km55m＋1km80m＝2km135m
55公尺和80公尺合起來是135公尺，不滿1公里。
所以，答案不可能有進位變成3公里35公尺。
1km＝1000m，1km55m是1055m，1km80m是1080m
小花換算成155m和180m是錯的
正確的答案應該是2公里135公尺才對。

正確例二

小花的作法是錯的
1公里是1000公尺,不是100公尺
在公尺的位置還有百位
小花把135公尺進位變成1公里35公尺是錯的

```
        公里  公尺
             百
             1
         1   5 5
    +    1   8 0
    ─────────────
         2 1 3 5
```

作答說明

學童理解1公里是1000公尺的關係,認為小花在二階單位換成一階單位時誤將1公里視為100公尺,因此換算錯誤。並且指出在低階單位公尺的運算時,直式記錄少了百位的位值,55公尺+80公尺是135公尺,5個十和8個十合起來是13個十,進位的1要在百位,而非進位到1公里,對於長度二階單位的直式加法運算已經非常熟悉。

> 學童知道長度二階單位運算時先算低階單位，但是不瞭解公里與公尺的關係，誤認為1公里是100公尺，因此把低階公尺運算後的結果135公尺換算成1公里35公尺，錯誤回答小花的作法正確。

作答說明

回答錯誤一

小花做對了
1公里是100公尺，小花的直式分成公里和公尺計算
我先算55公尺+80公尺＝135公尺
135公尺是1公里35公尺，進位1到公里
所以，答案就是3公里35公尺

```
    公里  公尺
     1
     1    5  5
  +  1    8  0
     3    3  5
```

作答說明

> 學童將長度二階單位的運算視為一般的直式計算，只認為數字加對了，答案就對了，沒有關注兩個單位的關係，也無法進行兩個單位之間的化聚。

回答錯誤二

小花的作法是對的
因為用直式再算一次就知道
5+0是5，5+8是13，寫3進位1到百，
1+1＝2再加上進位的1是3，數字都對。

```
     1  5  5
  +  1  8  0
     3  3  5
```

memo

29 馬拉松比賽

臺北國際馬拉松比賽吸引許多好手參加，大明參加了10公里的挑戰賽，他已經跑了7公里20公尺，弟弟在旁邊幫他加油，並且用下面的作法算出大明還剩下幾公里幾公尺就能抵達終點：

弟弟的作法：

```
      公里    公尺
     1̶0̶⁹   100
   −  7     20
   ─────────────
      2     80
```

答：還剩下2公里80公尺

媽媽說弟弟的作法錯了，請把弟弟錯誤的地方圈起來，並寫出你的理由。

請把弟弟錯誤的地方圈起來

```
      公里   公尺
        9
     ⤴
  +  ⓪  100
  −   7   20
  ─────────
      2   80
```

我的理由：

教授的留言板

　　學童看到公里、公尺的複名數加、減問題，碰到要進位、退位時，重要的關鍵就是要知道兩者的關係。這關係可透過長度量感的建立，或是公里（km）和公尺（m）的英文符號字義等，讓學生腦袋中有正確的換算，再進行相關的計算。學童最常見的困難是用習慣性、隨便性的反應，想到1公里是幾公尺，不加思索就進行解題。他們應該藉由公里、公尺這兩個單位形成的心像，先經過思考並確定這兩量的關係後，再進行題目的正確計算。本題就在評量學童能否掌握兩量的關係，並正確的解題。

主題三：量與實測

學童作答舉隅

正確例一

弟弟的作法不正確

1公里是1000公尺，不是100公尺
1000－20＝980

答案應該是2公里980公尺

```
        公里    公尺
              9
    ＋   1̸   1 0 0
    －       7 2 0
    ─────────────
             2 8 0
```

```
                  1000
        公里    公尺
              9
    ＋   1̸    0
    －       7 2 0
    ─────────────
           2 9 8 0
```

作答說明

學童能判別弟弟的直式錯誤，並用正確的直式算則說明弟弟在換算時的錯誤，指出低階單位（公尺）不夠減時，須從高階單位（公里）退位1公里換成1000公尺再減20公尺，而非100公尺減20公尺，得到的答案應該是2公里980公尺。從說明理由發現學童對於公里與公尺的關係清楚，且能利用直式處理公里、公尺二階單位的減法退位問題。

作答說明

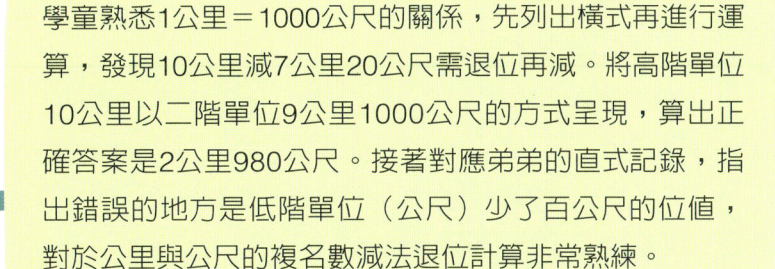

學童熟悉1公里＝1000公尺的關係，先列出橫式再進行運算，發現10公里減7公里20公尺需退位再減。將高階單位10公里以二階單位9公里1000公尺的方式呈現，算出正確答案是2公里980公尺。接著對應弟弟的直式記錄，指出錯誤的地方是低階單位（公尺）少了百公尺的位值，對於公里與公尺的複名數減法退位計算非常熟練。

正確例二

弟弟的作法不正確
1公里＝1000公尺
10公里－7公里20公尺
＝9公里1000公尺－7公里20公尺
＝2公里980公尺
弟弟的直式少了百公尺的位值，應該是9個百

```
    公里      公尺
  + 0⁹百   1000
  -    7      20
  ─────────────
       2     980
```

主題三：量與實測

正確例三

弟弟的作法不正確
弟弟的直式計算錯了，1公里－20公尺不可能只有80公尺。
10公里＝10000公尺，7公里20公尺＝7020公尺
10000－7020＝2980（公尺）
2980公尺＝2公里980公尺

```
        公里    公尺
          9
     +    0    100
     －   7     20
          2     80
```

```
        公里    公尺
     1  0  0  0  0
     －  7  0  2  0
        2  9  8  0
```

作答說明

學童先將全長10公里及哥哥已經跑的距離都換成低階單位（公尺），10公里換成10000公尺，7公里20公尺換成7020公尺，再進行減法運算，得到正確答案是2980公尺，指出弟弟直式計算後的答案80公尺有誤，因此判斷弟弟的作法錯誤。

回答錯誤

弟弟的作法正確
我的直式也是這樣，公尺不夠減
從公里拿1個10減8，10剩下9，9－7＝2
所以，答案就是2公里80公尺和弟弟的答案一樣

```
        公里    公尺
          9    100
     +    0
     －   7     20
          2     80
```

作答說明

學童受整數十進位結構的影響，認為公里與公尺的直式計算也是十進位，且運算時只作數字間的減法運算，並沒有位值單位的概念。因此，對於公里與公尺的關係不理解，計算時也會產生錯誤。

memo

30 面積有多大

　　玲玲和姐姐的房間要重新鋪木地板，他們想要知道自己的房間有多大，分別用自己的方法測量如下：

　　玲玲：「我用邊長100公分的正方形地墊鋪地板，共鋪了九次。」

　　姐姐：「我用捲尺量房間地板的長是4公尺，寬是3公尺。」

　　比比看，誰的房間面積比較大？請把你判斷的理由寫出來。

比比看，誰的房間面積比較大？

我判斷的理由：

教授的留言板

　　學童對面積的概念不能只會背公式，若一個長、一個寬放在那裡是不會形成面積的，而是「長沿著寬掃過形成面」的積分概念，則造成長邊、寬邊兩者相乘就是面積的數量。學童在國小階段不懂微積分的極限概念，親師只能以方格的拼排來說明，方格常見的普遍單位是1平方公分、1平方公尺。他們應該瞭解面積公式背後的意義，知道長邊可以排幾個方格、寬邊可以排幾排，這兩個相乘的數量就是方格的總數，也就是長邊、寬邊相乘的結果。學童對面積的概念，應該有方格拼排的心像，看到長邊能想成排幾個方格、寬邊能想成排幾排方格，知道長邊、寬邊、方格、面積的關係。本題的評量目標就在瞭解他們的面積概念，以及面積單位的掌握。

主題三：量與實測

學童作答舉隅

作答說明

學童理解1平方公尺的意義，知道邊長100公分的地墊的面積也是1平方公尺，並以地墊面積（1平方公尺）為計數單位，量出面積9平方公尺。姐姐則是以長邊、寬邊可以鋪幾個1平方公尺進行計算，算出12平方公尺，比較後的結果是姐姐的房間比較大。

正確例一

姐姐的房間比較大
100公分是1公尺，妹妹的地墊是1平方公尺，量九次就是9平方公尺。
姐姐的房間長4公尺、寬3公尺，長邊可以鋪4個1平方公尺，寬可以鋪3個1平方公尺，總共鋪12個1平方公尺，面積是12平方公尺。
12平方公尺＞9平方公尺

作答說明

學童已瞭解平方公尺與平方公分的關係，知道1平方公尺＝10000平方公分，將兩人的房間面積都換為低階單位「平方公分」後，再進行比較。算出答案是120000平方公分＞90000平方公分，因此判定姐姐的房間比較大。

正確例二

姐姐的房間比較大
1平方公尺＝10000平方公分，12平方公尺＝120000平方公分
邊長100公分的地墊面積是10000平方公分，
量九次是90000平方公分。
120000＞90000

部分正確

妹妹的房間比較大
邊長100公分的正方形地墊，面積是1平方公尺
$1 \times 9 = 9$　$3 \times 4 = 12$

作答說明

學童認識1平方公尺，知道邊長100公分的地墊面積也是1平方公尺，正確算出姐姐與妹妹的房間面積是9平方公尺和12平方公尺，雖然錯誤回答妹妹的房間較大，但是概念及作法都正確。

回答錯誤一

妹妹
$100 \times 9 = 900$
$3 \times 4 = 12$
$900 > 12$

作答說明

學童知道面積與長、寬有關，直接擷取題目中的數字「100、9、3、4」進行計算，算出妹妹和姐姐的房間面積分別是900和12，因為900＞12，因此回答妹妹房間面積較大。

回答錯誤二

妹妹房間較大
$3 \times 4 = 12$
$100 \times 100 = 10000$
$10000 > 12$

作答說明

學童知道面積的算法，算出地墊面積和姐姐房間面積，未作換算直接進行比較，因此錯誤回答妹妹房間較大。

31 堆積木

　　數學課進行「看圖卡堆形體」的活動，美美手上有24個1立方公分的積木，他要把積木全部用完。桌上只剩下兩張圖卡（如圖甲和圖乙），應該選擇哪一張圖卡來堆疊呢？請寫出你的理由。

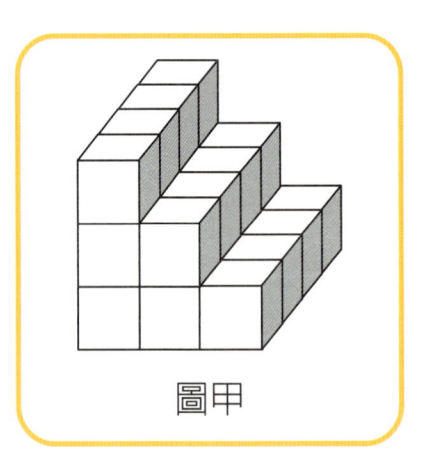

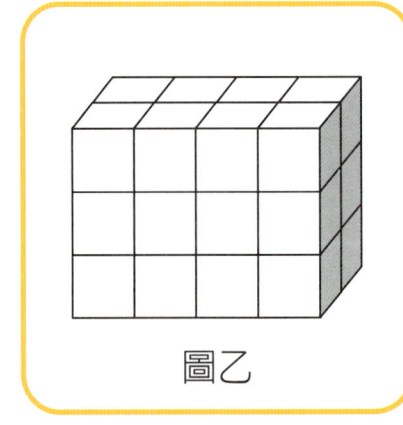

圖甲

圖乙

他應該選擇哪一張圖卡來堆疊呢？

我的理由：

教授的留言板

　　學童在學習長方體體積公式前，能點數指定形體有幾個1立方公分來堆疊，尤其是用乘法算式來點數長方體的1立方公分數量。學童在點數形體的積木數量時，最好能有規律的去點數，他們心中有要堆疊形體的想法。長方體可用長、寬、高來思考，長邊可排幾個1立方公分、寬邊可排幾排1立方公分、高可堆幾個1立方公分；非長方體可由直切、橫切成小長方體來思考，也可從填補、移動成長方體來思考。這些有規律點數形體的方法，也是以後求長方體、非長方體（簡單複合形體）體積的思考方向。本題就在評量學童點數形體的方法，以及知道形體是幾個1立方公分？

學童作答舉隅

正確例一

甲、乙都可以

乙：1排4個有2排，第一層有8個，3層共24個。
我把甲的一排砌上來，就是和乙一樣的長方體。
甲：1排4個有2排，第一層有8個，3層共有24個。

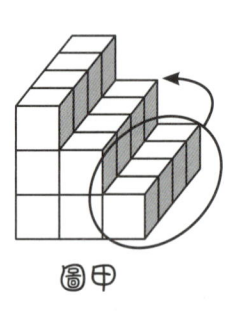

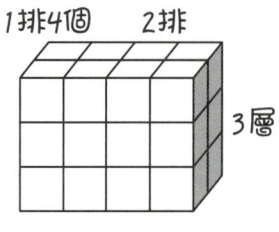

圖甲　　圖乙（1排4個　2排　3層）

作答說明

學童以個、排、層有策略的點數甲、乙兩圖的體積，在圖乙標示出排、層的位置，並說明1排4個、1層是8個、共3層，算出圖乙剛好是24個積木，體積是24立方公分，和圖甲的體積相同。

正確例二

選甲、乙都可以
圖甲可以看成4組一樣，6×4=24
我把圖乙切成3層，8×3=24

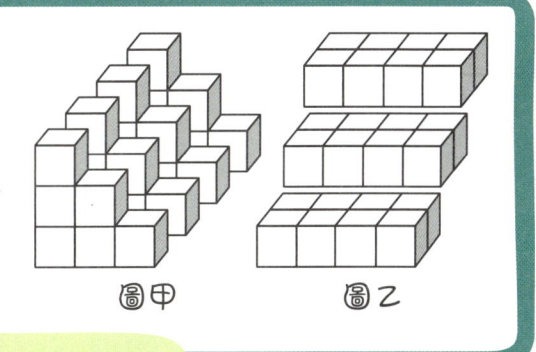

圖甲　　圖乙

作答說明

學童察覺甲、乙可以切割成幾組相同的形體再計算，並以算式表示。說明甲可以分成4組，每組有6個，共有24個積木；乙每層都有8個積木，3層有24個積木，體積都是24立方公分。

作答說明

學童以1排4個為點數單位，觀察甲、乙各有幾排，圖乙有6排，體積是24立方公分，但是計數圖甲時卻計數錯誤，誤以為甲是20立方公分，因此判斷只有圖乙可以。

部分正確

乙可以
我用1排4個算的，乙有6排是24個
甲有5排，是20個

回答錯誤一

選甲
用數的，甲有18個，乙只有14個

作答說明

學童只點數看到的，忽略了隱藏的部分，因此點數錯誤。

回答錯誤二

兩個都不行
用數的，甲有15個，乙只有14個

作答說明

學童不能察覺兩個形體有規律性，無法用有效的策略進行點數，因此點數錯誤。

memo

32 分秒必爭

花花代表學校參加全國游泳錦標賽，他參加的項目是中年級女子200公尺自由式，去年比賽成績如下表：

112年全國小學游泳錦標賽決賽成績總表

成績＼名次	第一名	第二名	第三名	第四名	第五名
中年級女子組200公尺自由式	2分24秒	2分26秒	2分28秒	2分31秒	2分34秒

花花努力練習，目前最好的成績是212秒，你覺得花花可以得到冠軍嗎？請寫出你的想法。

你覺得<u>花花可以得到冠軍嗎？</u>

我的想法：

教授的留言板

　　生活上對時間（量）習慣稱為「天、小時、分鐘、秒鐘」，它們在數學上的正式用語和時刻「日、時、分、秒」一樣，需要用情境來辨別。所以，體育競賽成績、直式計算、……都用正式數學用語表達。學童對時間（量）的比較，要能掌握「日、時、分、秒」單位量間的關係和換算，它們不是十進位，學童沒有相對量感是很容易弄混相鄰二階單位間的換算。若學童能以時鐘為媒介，時鐘有1、2、……12個大刻度跟「時」有關，60個小刻度跟「分」有關。根據生活經驗知道一天的上午、下午對應時鐘各轉一圈，時針轉一圈就是半天是12小時、時針走1大格1小時就是分針轉一圈是60分鐘、分針走1小格1分鐘就是秒針轉一圈是60秒鐘，他們多觀察鐘面並對應兩量關係，可以建立看不到時間（量）的相對量感。本題就在評量學童有無時間（量）的相對量感，並能做正確的比較。

主題三：量與實測

學童作答舉隅

正確例一

不行
1分＝60秒
212÷60＝3…32
212秒是3分32秒

作答說明

學童知道1分＝60秒，理解分與秒的關係，將212秒換算成二階單位3分32秒，因此判斷花花無法得冠軍。

正確例二

不可能
2分24秒
60×2＝120
120＋24＝144
212＞144

作答說明

學童將二階單位2分24秒換成低階單位144秒進行比較。

部分正確

可能
1分＝60秒
60×2＝120
120＋24＝144
212＞144

作答說明

學童知道分與秒的關係，且換算正確，但是進行比較時誤以為秒數多就是成績好，殊不知比較快慢時，秒數少才是成績佳，因此誤植答案可能。

回答錯誤一

可能
2分24秒＝224秒
212＜224

作答說明

學童不瞭解分與秒的關係，誤以為1分＝100秒，因此將2分24秒換算成224秒，212＜224，所以判斷花花可以得冠軍。

回答錯誤二

可能
212秒＝2分12秒
2分12秒＜2分24秒

作答說明

學童不瞭解分與秒的關係，受十進位結構影響誤以為1分＝100秒，因此將212秒換算成2分12秒，花花的秒數少，所以判斷可以得冠軍。

32 立體劇場

　　立體劇場推出新的影片，下表是影片名稱和播放的時間，影片開始播放時禁止入場。小華想要看太空狗冒險的影片，從他家到劇場的時間要70分鐘，小華說：「我在下午1時45分出門剛好可以趕上。」

　　你覺得小華可以看到太空狗冒險的影片嗎？請說明你的想法。

場次	播放時間	片名
一	10：30	狂野大陸
二	11：30	動物王國
三	12：30	雨林中的生命
四	13：30	狂野大陸
五	14：30	太空狗冒險
六	15：30	動物王國
七	16：30	雨林中的生命

你覺得小華可以看到太空狗冒險的影片嗎？

我的想法：

教授的留言板

　　學童有報讀一維、二維表格的舊經驗，配合學習的時刻、時間（量）相關問題，利用本問題的情境，進行生活中數學內部連結的解題。學童較困難之處在於「時刻＋時間（量）＝時刻」的存在，它只是一個解題口訣，時刻只是一個刻度、一個位置，不能進行運算，只有時間（量）才能做四則運算。親師應幫助學童瞭解「時刻」代表刻度0到此刻度的時間（量）距離或長度，有意義的運算想法是該時刻對應的時間（量），加上時間（量）後，得到的「時間（量）」有其對應的時刻。只有死背口訣是不妥的，能配合時間線段圖，掌握其背後代表的意義，才是有概念學習的要點。本題就在評量學童能否正確運算時刻、時間（量）相關問題？並能從報讀一維表格中進行正確判斷。

學童作答舉隅

正確例一

小華看不到影片
下午1時45分＝13時45分，70分鐘＝1時10分
13時45分＋1小時10分＝14時55分
電影在14：30已經開始播放了

```
|――――― 70分 ―――――|
[下午1時45分]         ?
```

作答說明

本題為給定時刻與時間量求算另一時刻的問題，學童應用時間線段圖作為工具幫助解題，且知道12時制和24時制的轉換。首先將出發的時刻下午1時45分轉換為24時制，即13時45分；接著把時間量70分鐘換成二階單位1小時10分，最後將時刻13時45分轉化為時間量與1小時10分合起來計算，得知時刻為14時55分，已經超過14：30播放的時刻，因此判定小華看不到電影。對於兩個時刻與時間量的計算問題已能掌握，且計算正確。

作答說明

學童以12時制進行計算，再將計算後的時間量轉化為24時制進行判斷。下午1時45分轉換為時間量，再加上70分鐘，得知計算後的時刻為下午2時55分，再將下午2時55分以24時制表示，即14時55分。對應劇場影片播放時刻表，發現太空狗冒險影片已經開始播放了，判斷小華無法看到此影片。

正確例二

小華看不到影片
1時45分＋70分
＝1時115分
＝2時55分
下午2時55分是14時55分
電影已經開始了

場次	播放時間	片名
一	10：30	狂野大陸
二	11：30	動物王國
三	12：30	雨林中的生命
四	13：30	狂野大陸
五	14：30	太空狗冒險
六	15：30	動物王國
七	16：30	雨林中的生命

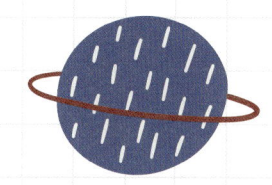

作答說明

學童以12時制進行加法計算，先將時刻轉換為時間量1時45分＋70分＝1時115分，再將1時115分換算為2時55分，以24時制14時55分表示時刻。影片播放的時刻是14時30分，誤以為都在14時，所以錯誤回答小華到劇場的時刻可以看到影片。

部分正確

可以看到太空狗冒險
1時45分＋70分
＝1時115分
115－60＝55
1時＋1時＝2時
下午2時55分是14時55分

回答錯誤

可以看到
1時45分＋70分
＝1時115分
＝2時15分
下午2時15分是14時15分

作答說明

學童將影片播放的時刻轉換為12時制再計算，但是不理解時與分的關係，誤以為1時＝100分，因此將計算後的時間1時115分，錯誤換算為2時15分，因此錯誤判斷小華到劇場的時刻可以看到影片。

主題四

關係

34 周年慶

小羽和爸爸利用假日逛百貨公司，百貨公司周年慶天天有打折的活動，一個熱水瓶原價1950元，打折後比原價便宜了350元，爸爸付了2000元。

爸爸問小羽：「要找回多少元呢？」

小羽跟爸爸說：「我剛學過用一個算式記錄問題和答案，我來做做看。」下面是小羽的作法：

作法：
先算：1950－350＝1600
再算：2000－1600＝400
合併成一個算式：2000－1950－350＝400

答：找回400元

你覺得小羽合併成的一個算式正確嗎？請把你的理由寫出來。

你覺得小羽的作法正確嗎？

我的理由：

教授的留言板

　　學童學過兩步驟問題的解題後，他們要將這兩個步驟的解題，就是題目和答案寫成一個算式。此時，它尚不涉及括號先算、先乘除後加減、由左算到右的三個運算規則，他們只要能根據先算、後算，用括號區別運算順序就好。學童的困難在於心中雖有運算順序，但寫出來的一個算式常常忘記需要表徵的符號。透過這建構反應題的評量，就可瞭解他們學習的狀況，以及幫助他們思考問題來促進學習。學童在爾後要學習的併式更為困難，除要能直接按題意記錄成一個算式外，還要能利用三個運算規則來處理併式及進行解題。

學童作答舉隅

作答說明

學童能正確判斷小羽併式記錄錯誤，指出併式記錄中1950－350少了括號，說明先算的要加括號，並且寫出正確的併式記錄，表示已具有兩步驟併式的能力。

正確例一

小羽的作法不正確
他在合併成一個算式的時候1950－350沒有加括號，小羽先算原價的錢減掉打折便宜的錢，先算的要加括號。
2000－（1950－350）＝400

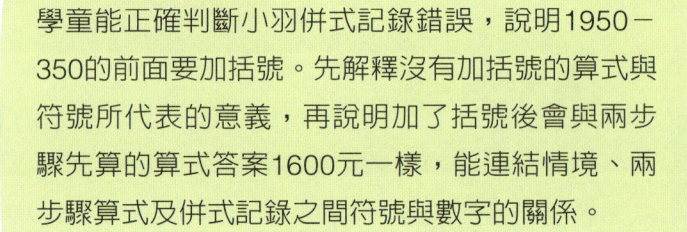

作答說明

學童能正確判斷小羽併式記錄錯誤，說明1950－350的前面要加括號。先解釋沒有加括號的算式與符號所代表的意義，再說明加了括號後會與兩步驟先算的算式答案1600元一樣，能連結情境、兩步驟算式及併式記錄之間符號與數字的關係。

正確例二

小羽的作法不正確
1950－350的前面要加括號，
2000－1950－350＝400
小羽沒有加括號會變成爸爸付的2000減掉原本的價錢，再減掉打折便宜的錢，會不夠減。
（1950－350）加括號是要把原價的錢先扣掉打折後便宜的錢，價錢就會跟上面的算式一樣是1600元。

作答說明

學童將併式的算式重新計算一次發現答案不同，判斷小羽併式記錄錯誤，但未明確指出併式哪裡錯誤。雖然有提及「忘了加括號」，卻也未說明括號應該加在何處，說明理由不完整。

部分正確

小羽的作法不正確
我重新算一次小羽的算式 2000－1950－350＝400
2000－1950＝50　50－350不夠減
和他算式的答案400元不一樣，他忘了加括號。

回答錯誤

小羽的作法正確
因為答案都是400元，而且他有把兩個算式合併起來，前面用減的，合併的算式也是用減的，所以都對。

作答說明

學童無法從兩步驟算式察覺與併式記錄之間的差異，也無法連結情境與算式的關係，只從算式中的數字及符號相同作判斷，不瞭解併式記錄的意義。

173

主題四：關係

35 五顆蘋果的價錢

小美、哥哥和媽媽一起到水果行買水果，今天蘋果特價4顆100元，媽媽先拿了4顆蘋果放進袋子裡，後來又拿了1顆蘋果，要付多少元？小美回到家後用一個算式記錄問題再逐步求出答案，下面是他的作法：

小美的作法：
100+100÷4
=200÷4
=50

特價4顆100元

哥哥說小美的答案不可能是50元，請算出正確的答案並寫出你的理由。

請算出正確的答案　　　　我的理由：

教授的留言板

　　學童面對兩步驟問題的解題，可能有不同的解法。例如：紅豆麵包1個35元，買3個特價100元，買5個要付多少元？他們可能先算5個麵包的總價，再扣除特價少付的錢；也可能用3個特價的錢，再加上2個麵包的錢；也可能先算2組特價的錢，再扣掉一個麵包因特價少算的價格是35－5＝30（元）。學童在這多元解法的問題下，並寫出解題想法或理由，可以呈現他們不同的解題思維。學童需看懂別人的解法或想法，這是具有數學素養的能力之一。本題的評量目的就是要他們在理解他人的解法或想法下，能判斷這併式記錄的求解，能否符合四則運算的三個規則。

主題四：關係

學童作答舉隅

正確例一

小美的作法
$100 + 100 \div 4$
$= \boxed{200 \div 4}$
$= 50$

正確的作法
$100 + 100 \div 4$
$= 100 + 25$
$= 125$

小美先算了加法再算除法，所以答案是錯的。正確的算法應該先算除法：$100 \div 4 = 25$（1顆蘋果的錢），再算4顆特價的錢。

作答說明

學童理解兩步驟運算的次序，能圈出小美 $200 \div 4$ 是錯的，並指出算式中有加法和除法時要先算除法。先算1顆蘋果的錢，再加上4顆特價100元的錢，並寫出正確的計算過程，所以媽媽要付的錢是125元，不是50元。

正確例二

正確的算式：$100 + (100 \div 4)$
4顆的錢＋1顆的錢
$= 100 + 25$
$= 125$

特價4顆100元，買5顆怎麼可能只有50元。

作答說明

學童先從合併成一個算式的答案與情境做連結，發現答案的不合理性，題目訊息「4顆蘋果100元」，媽媽買5顆的錢為50元怎麼可能比4顆的錢更少，明顯不合理。並解釋併式記錄中每個算式、數字與情境的關係，已具有兩步驟的併式與運算的能力。

部分正確

小美的作法
$100 + 100 \div 4$
$= 200 \div 4 = 50$
小美先算 $100 + 100 = 200$，200元是8顆蘋果的錢，媽媽只有買5顆，答案不是50元。

作答說明
學童從小美逐次減項的過程解釋每個運算步驟的意義，先算 $100 + 100 = 200$ 是8顆蘋果的錢，與題目中媽媽買5顆蘋果50元的訊息不同，但是並未寫出正確答案應該是多少。

回答錯誤一

$100 + 100 \div 4$
$= 200 \div 4$
$= 50$
數字先出現的就先算，後出現的就後算。

作答說明
學童將小美的算式重新寫一次，並由左而右計算出答案，認為數字先出現的就先算，後出現的就後算。對於兩步驟併式的運算次序不瞭解，無法從情境中提取訊息與運算步驟做連結，也無法察覺答案的不合理性。

回答錯誤二

答案是50，要先乘除後加減。
$100 +$ $\boxed{100 \div 4}$ → 先算

作答說明
學童知道要「先乘除後加減」，但僅以口訣式的背誦，雖然在併式中有標示先算的是 $100 \div 4$，但運算時還是由左而右，並未真正理解整數四則運算的次序。

36 作法一樣嗎

老師出了一題數學題目：「一籃桃子有60顆，叔叔買了4籃要平分給20人，每人可得幾顆？用一個算式記錄問題，再逐步求出答案。」下面是兩位小朋友的作法：

平平的作法	奇奇的作法
$60 \times 4 \div 20$	$60 \div 20 \times 4$
$= 240 \div 20$	$= 3 \times 4$
$= 12$	$= 12$

你覺得誰的作法正確？請說明你的理由。

你覺得誰的作法正確?

我的理由:

教授的留言板

　　親師指導學童學習乘除混合的兩步驟問題，需配合題意來瞭解運算順序。通常能從題意來思考解題，才會將解題的想法列出算式，這算式也是掌握題意的記錄問題。學童最常見迷思是沒有括號的四則算式，都遵守「從左算到右」的運算規則，但是忘了「先乘除後加減」的規則。針對「先乘除後加減」，親師和學童們都需知道其背後的意義，乘除是同一等級的運算、加減也是同一等級，而且乘除的運算等級高於加減。有些學童會把「先乘除」解讀為先乘再除，例如：80÷5×8＝80÷40＝2的錯誤，因為乘、除是同等級的運算，它們的運算順序是可以變換的；但對學童而言，最好的教法是引導他們按不同想法來記錄問題，發現針對同一問題不同算式的答案一樣，經過很多類似題目的觀察而察覺規律或規則。

主題四：關係

學童作答舉隅

正確例一

兩人的作法都正確，只是順序不同
平平先算出4籃桃子全部的顆數240顆，再平分給20人，得到12顆。

$60 \times 4 \div 20$
$= 240 \div 20$
$= 12$

奇奇先將一籃桃子的數量60顆先平分給20人，一籃每人得3顆，再算出4籃可以得到桃子的顆數12顆。

$60 \div 20 \times 4$
$= 3 \times 4$
$= 12$

所以，兩個人算出來的答案都是12顆。

作答說明

學童從情境與算式作連結，說明每一個算式所表徵的意義，發現只是運算的次序不同。平平先算出4籃桃子的總顆數240顆，再平分20人；奇奇先將1籃桃子60顆平分給20人，算出每籃每人得到的顆數3顆，再乘以4籃可得的顆數也是12顆，因此得知兩人的算法都對。

作答說明

學童重新計算兩人的算式並標記每個數字在情境中所代表的單位及意義，發現運算的結果都一樣，最後每人都分到12顆桃子。接著再觀察兩個併式都正確，只是列式時先算、後算的次序不同，因此判斷兩人作法都正確。

正確例二

兩個算法都對

我重新計算了奇奇和平平的作法，結果分到的桃子都是12顆，只是先算全部再分和先分一籃再算4籃的方式不同。

$60 \div 20 \times 4$　　$60 \times 4 \div 20$
$= 3 \times 4$　　　　$= 240 \div 20$
$= 12$　　　　　　$= 12$

部分正確

兩個算法都對

因為先乘再除與先除後乘的答案是一樣的，奇奇和平平的算式算出來的答案都是12。

作答說明

學童回答平平和奇奇的算法都正確，雖然寫出「先乘再除與先除後乘答案一樣」，但判斷理由只以結果都是12作為依據，僅是口訣的背誦，未與算式或情境作連結，無法得知每個數字及算式所代表意義，敘寫理由不完整。

回答錯誤

平平的作法正確

平平有按照題目說的，要把全部的桃子算出來再分給20人，奇奇的沒有算出全部的桃子就先分了，所以錯了。

作答說明

學童以是否依照題目訊息的順序運算作為判斷理由，認為平平有先算出叔叔買4籃桃子的總數，再平分20人；而奇奇的算式沒有依題目的訊息順序算出總量就先分，所以判斷只有平平的作法是正確的。學童無法從本題的情境察覺有兩種解題方式，對於「先乘再除與先除後乘的結果相同」此運算性質也不瞭解。

memo

37 教室裡的動動腦

　　1塊正方形軟木板的邊長是30公分（如圖一），老師買了2塊拼在一起（如圖二）。下面是老師與全班同學的對話：

　　老師：「想想看，拼起來的軟木板周長怎麼算呢？」

　　小偉說：「只要把邊長×8就可以算出來了。」

　　你覺得小偉的說法正確嗎？請寫出你的想法。

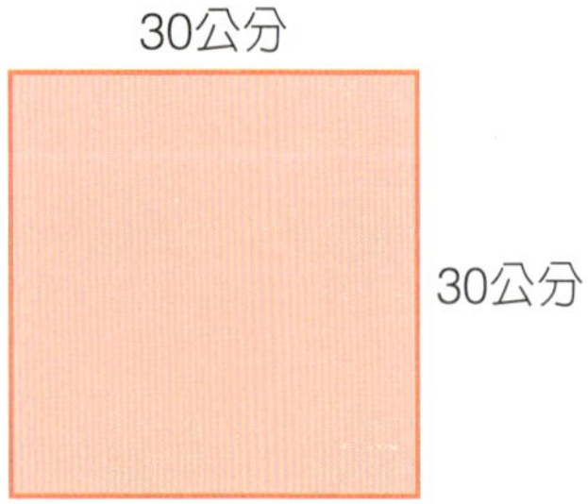

30公分

30公分

圖一 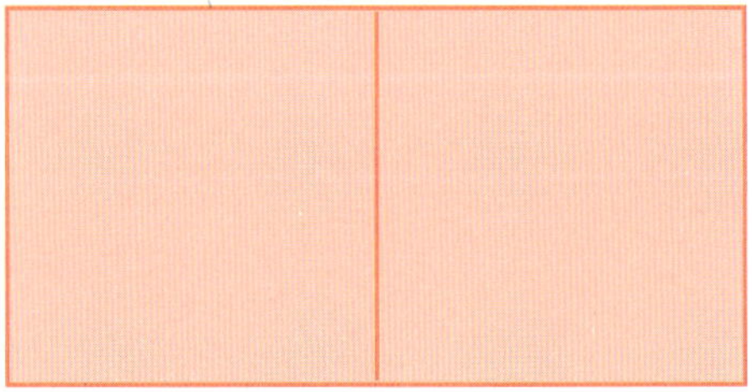　　　　　　圖二

你覺得小偉的說法正確嗎？

我的想法：

教授的留言板

　　學童認識正方形、長方形的周長和面積關係及公式後，他們若不是有清楚的概念來理解，就可能彼此混淆運用。學童的學習是分階段的，先是從視覺和表徵來認識它們，再來是透過在方格紙上點數線段數量來掌握周長長度、點數方格數量來掌握面積大小，最後透過點數數量所形成的算式來發展公式。學童對正方形、長方形的邊長和周長也會混淆，就是因為他們缺乏思考，只需要一個數來回應。他們要理解周長就是封閉周界的長度，它可能是由很多小圖形的邊長，才形成大圖形的周長。親師不能以為學童會背公式，就認為他們確實認識面積、周長，本題就在評量他們對周長的概念，以及確認周長的長度。

學童作答舉隅

作答說明

學童知道周長是圍圖形周界一周的長度，不包含圖形內部的線段，並在圖形上標示數字是哪幾條邊。理解正方形周長的算法是邊長×4。因此說明合併後的軟木板邊長只有6條，周長應該是邊長×6，而非邊長×8。

正確例一

小偉說的不正確
正方形周長的算法是邊長×4
2個正方形連起來，只有6個邊不是8個邊，
應該邊長×6

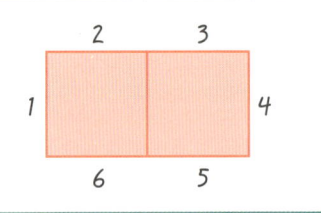

作答說明

學童知道正方形周長的算法，並利用周長公式計算出2個正方形的周長是240公分，發現還要減掉合併後不在周界上的2條邊，因此周長不是邊長×8。

正確例二

小偉說的不正確
正方形的周長是邊長×4，2個正方形×8，
還要減掉重疊的2邊
30×8＝240
240－60＝180

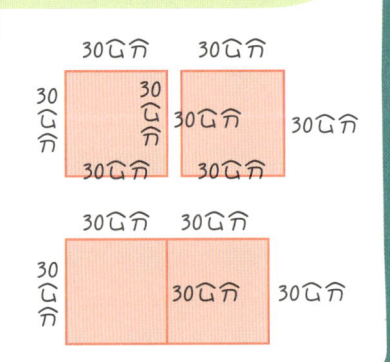

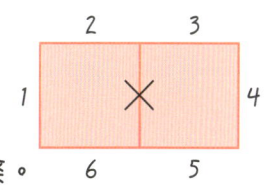

作答說明

學童知道2個圖形合併後，會成為新的圖形，而新圖形的周界會因為連接的邊減少2條，所以不是8條，對於周界、周長的概念清楚，可能受8數字的影響，而錯誤回答小偉的說法正確。

部分正確

小偉說的正確
2個合併後，會變成一個大的長方形。
連起來的邊在圖形的內部，所以只剩6條，不是8條。

```
    2   3
  ┌───┬───┐
1 │   ×   │ 4
  └───┴───┘
    6   5
```

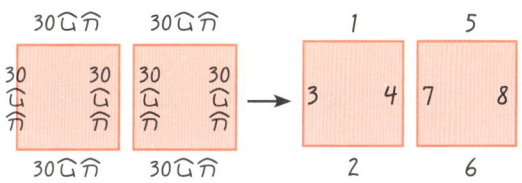

作答說明

學童知道正方形有4個邊且4邊等長，2個正方形就會有8個邊，因忽略有2個邊在圖形內部，不是周長的邊，因此回答錯誤。

回答錯誤一

小偉說對了
正方形有4個邊，而且一樣長，
2個正方形就是8個邊，
周長剛好要×8

```
  30公分  30公分              1      5
┌─────┬─────┐           ┌───┬───┐
30  30 30  30           3  4 7  8
公  公 公  公    →       └───┴───┘
分  分 分  分              2      6
└─────┴─────┘
  30公分  30公分
```

作答說明

學童將周長與面積混淆，看到數字就計算，不清楚每個數字與算式的意義。

回答錯誤二

小偉說對了
要×8
所以是30×30×8＝7200

38 迷宮

張爺爺想要在農場設計一個迷宮讓小朋友挑戰，迷宮的每一圈種了一些小樹（如下圖）：

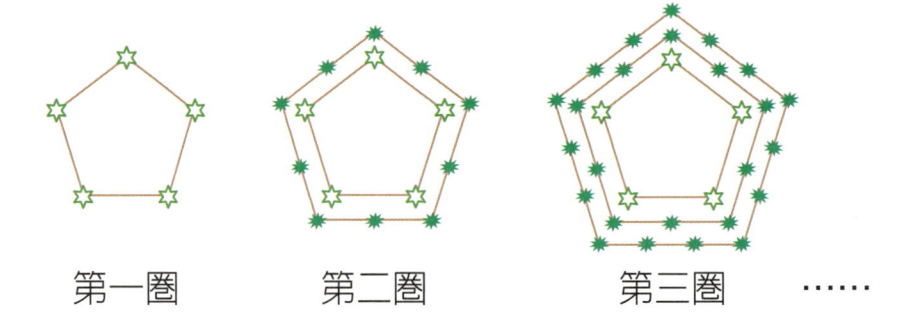

第一圈　　　第二圈　　　第三圈　……

張爺爺將每一圈迷宮種樹的棵數記錄在下面的表格中：

第一圈	第二圈	第三圈	……	第六圈
5	10	15	……	?

想想看，第六圈要種幾棵樹呢？請寫出你的想法。

第六圈要種幾棵樹呢？

我的想法：

教授的留言板

　　學童已學過一維變化的圖形或數形規律，現在以二維變化模式之觀察與推理為學習重點，但要在操作活動為主的學習活動中。所謂二維變化模式，就是要從兩個向度來觀察與推理。學童在此階段，對於規律的觀察和推理，只能往後二、三項，不能往後十幾項。而且，提供學童探討的規律，至少要有兩次重複的變化，並且不能要求用關係式表示。本題相較一維變化的規律稍複雜，學童首先要看懂圖形的變化，這個圖形有兩個屬性，題目也要求將它們的樣態記錄在表格中。

主題四：關係

學童作答舉隅

作答說明

學童利用表格完成所有的圈數，發現從第一圈開始，每一圈之間的規律都相差5棵樹，依此類推第六圈即是30棵。

正確例一

30棵樹

第一圈	第二圈	第三圈	第四圈	第五圈	第六圈
5	10	15	20	25	30

（相鄰兩圈相差5）

畫表格就知道了，從第一圈開始每一圈會多5棵，第六圈就是30棵。

作答說明

學童觀察第一圈的圖形每一邊種2棵樹，五邊形有5個邊就是10棵樹，再扣掉重複數的5棵樹就是5棵；以此類推第六圈每邊種7棵樹，五邊就是35棵，再扣掉重複數的5棵得知答案為30棵。

正確例二

30棵樹

我用算的，第一圈一邊有2棵，有五邊就是10棵，扣掉尖尖的五個點重複了就是少5棵。所以，第六圈一排有7棵，五邊就是35棵，再扣掉尖尖的5棵重複數的就是30棵。

作答說明

學童從第一圈發現每邊是2棵,推論第六圈每邊種7棵,五邊共種35棵;忽略了每邊重複被計數的5棵,因此35還要減掉5棵,30棵才是正確答案。

回答錯誤一

35棵樹

我用看的,從每一邊2棵、3棵、4棵、……按照順序到第六圈發現它每邊是7棵,五邊就是35棵。

回答錯誤二

我從表格發現要種25棵樹

第一圈	第二圈	第三圈	……	第六圈
5	10	15	20	25

作答說明

學童發現表格中的前後欄位相差5,看到題目中的表格只有五欄,誤把欄位當作五圈來計數,不清楚表格少了第四圈和第五圈需要推論,因此依序完成表格內的數字得到的棵數是25棵。

主題四:關係

39 火車的座位號碼

阿光和家人一共5人坐火車旅遊，姐姐拿到車票後，發現他們都坐第2車廂，座位號碼是20到24的連續數字。阿光看了車票說：「哇！真有趣，這些座位號碼加起來的總和是奇數。」

你認為阿光的說法正確嗎？請寫出你判斷的理由。

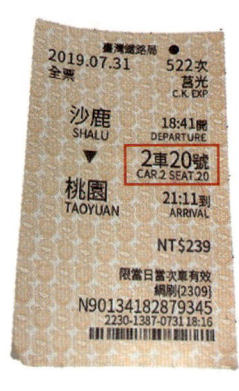

你認為阿光的說法<u>正確</u>嗎？

我判斷的理由：

教授的留言板

　　學童認識奇數、偶數是舊經驗，現在要進一步知道它們相加的特性。通常先從10以內的數進行實際運算並觀察規律，再逐步從二位數擴大到三、四位數的個位中找出規律。這些奇數、偶數相加的特性，可以分為兩個奇數、兩個偶數、一個奇數和一個偶數相加的結果。學童根據這些規律找出的特性，可以擴大到一些生活上、數學上相關問題的解題。學童面對規律問題的解題，要先能掌握題目中重要訊息，將這些訊息利用畫圖、列表、列式、⋯⋯等進行心中想的解題策略。本題就在評量學童對奇數、偶數相加特性的掌握，能否正確的判斷題目中問題。

主題四：關係

學童作答舉隅

正確例一

阿光說法不正確
20～24是20、21、22、23、24、
　　　　　　　↑　　　　↑
　　　2個一數剩下1　2個一數剩下1

20、22、24三個是偶數，偶數是2個2個一數剛好分完沒有剩下，
所以偶數＋偶數＋偶數＝偶數
23、21是奇數，奇數＋奇數＝偶數
所以，偶數＋偶數＝偶數

作答說明

學童觀察20～24的連續5個數字，有2個數字是奇數，3個是偶數，先說明奇數2個2個一數會剩下1個，判斷21和23是奇數，得知這2個數的和是偶數。接著判斷20、22和24是偶數，這3個偶數的和也是偶數，因此認為阿光的說法錯誤。學童能清楚辨別奇數、偶數，且對於奇數、偶數的加法關係已充分理解。

正確例二

阿光錯了
20～24是20、21、22、23、24
20＋21＋22＋23＋24＝110
110是偶數

作答說明

學童將20～24這5個數字加起來，算出總和得到110，判斷110為偶數，因此認為阿光的說法是錯的。雖然回答正確，但是說明理由並非先辨別奇、偶數，再從奇、偶數的加法關係進行推理；一旦數字過大、過多時容易造成計算上的錯誤，不利於判別答案的正確性。

作答說明

部分正確

學童從5個數字判斷出3個偶數,知道奇數加起來是偶數,但是未說明清楚只有奇數的個數是偶數個相加時才符合條件,敘述理由不夠完整。

> 阿光錯了
> 20、21、22、23、24是偶數,奇數加起來也是偶數。

作答說明

回答錯誤一

學童知道20～24是連續的5個數字,但是忽略題意中「5個座位號碼加起來的總和」訊息,認為5個數字的「5」是奇數,因此判斷阿光的說法是正確的。

> 20～24是 20、21、22、23、24 共5個數字,
> 5是奇數,所以阿光說對了。

作答說明

回答錯誤二

學童將20～24這5個數字加起來,20＋21＋22＋23＋24=109,由於計算時錯誤,得到錯誤答案為109,判斷109為奇數,因此認為阿光的說法是正確的。

> 阿光正確
> 我把20＋21＋22＋23＋24=109
> 109是奇數

主題四:關係

memo

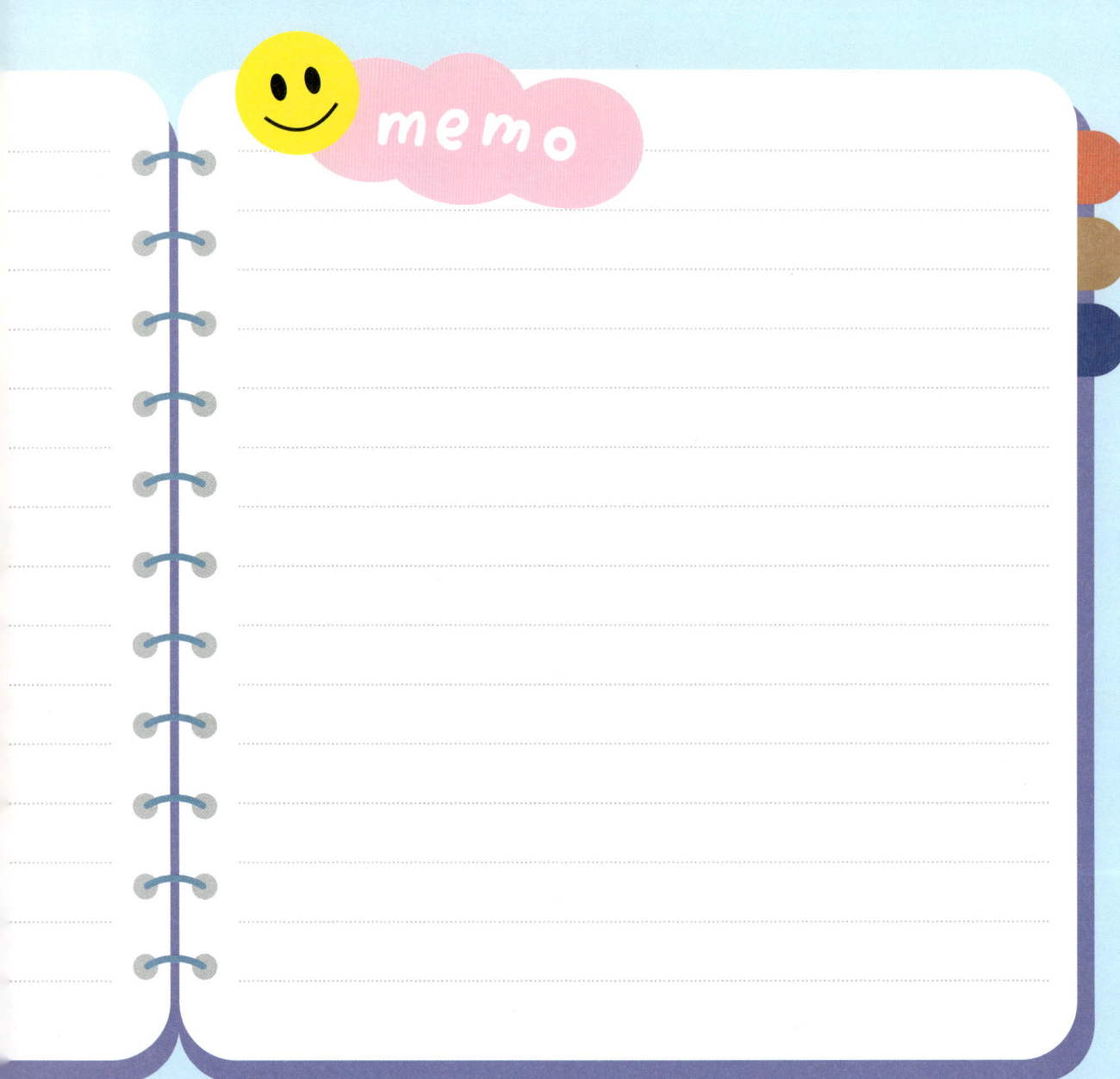

主題五

圖形與空間

40 角度畫對了嗎

　　上完「角度」的單元後，老師出了一題回家作業：「請用量角器畫出120度的角。」小新先用量角器找到120度的刻度（如圖一），再畫出了一個角（如圖二），你覺得小新畫的角度正確嗎？請把你判斷的理由寫下來。

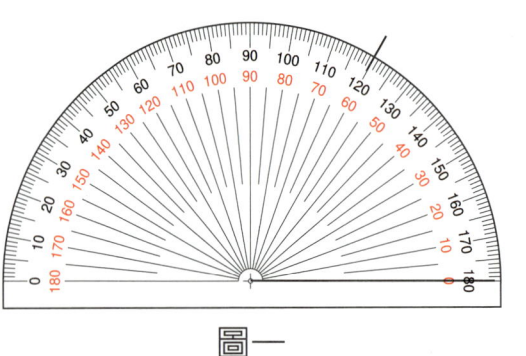

圖一 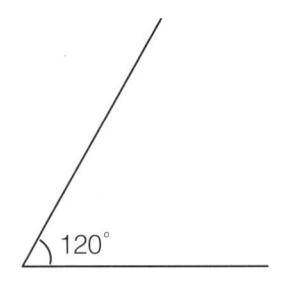　　　　　　　圖二

你覺得<u>小新</u>畫的角度正確嗎？

我判斷的理由：

教授的留言板

　　親師引導學童認識量角器，並說明測量的重點，例如：角的頂點對準量角器的中心點、角的一邊對齊量角器的始邊、……，學童往往對細節未加留意。量角器有兩條始邊，測量角的邊對齊那一邊均可，始邊的刻度是0°，學童需知道從0°增加角度是看內圈或外圈的刻度。親師應協助學童心中建立參考角，就是直角、90°角，他們除了應該要知道銳角比直角小就是小於90°、鈍角比直角大就是大於90°外，還要有銳角、鈍角跟直角比的心像，以及跟90°的關係。學童有了前述的概念及心像，對測量角度、判斷題目中的角度都有十足的幫助。尤其對答題結果，可以產生自我監控的能力。

學童作答舉隅

作答說明

學童瞭解量角器有內圈、外圈兩種刻度0，所以選擇一邊對齊外圈刻度0或內圈刻度0。當一邊對齊0度線時，另一邊對應的刻度就是幾度。因此畫120°角時如果要看內圈的數字，一邊對齊0、另邊對應到120才是正確的；對照外圈的數字時始邊對齊180°時，終邊對齊60才是120°角。學童對於這些量角器上的結構非常清楚，使用量角器畫角也非常熟稔。

正確例一

小新畫錯了
他應該要看內圈的數字，始邊對齊0開始，120°要找到120的位置，他只畫到60，只有60°而已。如果他看外圈的數字，始邊對齊180，要找到60的線才會是120°，因為180－60＝120。

作答說明

學童以直角作為判斷的依據，發現小新畫的角比直角還小，不可能是120°，很顯然對於直角90°的量感已鞏固建立。

正確例二

小新畫錯了
120°已經超過直角90°，小新畫的角度比直角還小，從量角器上看他畫的這個角只有60°，所以畫錯了。

作答說明

學童知道量角器上一大格是10°，對於量角器的刻度已經熟悉且能正確報讀，能清楚說明120°的角要數12大格，因此不受外圈、內圈數字的干擾，即可判斷小新畫的角是錯的。

正確例三

小新畫錯了
一大格是10°，120°要數12大格才對，小新畫了6格只有60°，所以畫錯了。

回答錯誤

小新畫對了
他找到量角器上的120，而且有對齊好，所以畫出的角度就是120°。

作答說明

學童對於量角器刻度的報讀不清楚，且受外圈數字的干擾，誤認為只要看到120的數字就是120°。另一方面對於角度的量感也沒有建立，未察覺小新畫的角比直角還小。

41 觀星賞月

小志和家人一起參加觀星賞月活動，這次要觀賞的星星是金星。現場人員已經架設好了望遠鏡，但是望遠鏡鏡頭的角度還沒有調整好（如下圖）。他拿出量角器比對了角度，需要將望遠鏡的鏡頭朝順時針或逆時針的方向旋轉幾度才能看得到金星呢？請寫出你的理由。

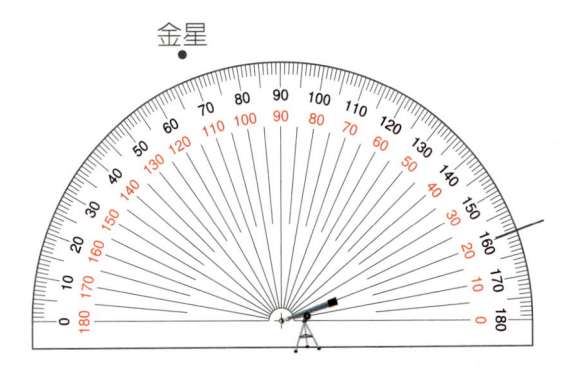

小志要把望遠鏡的鏡頭朝（順時針、逆時針）方向，旋轉幾度？

我的理由：

教授的留言板

　　學童學習用量角器測量角度，一般是將量角器的中心點對準角的頂點、量角器的邊線對齊角的一邊；但是也有例外，就像用公分尺的斷尺來測量長度一樣。學童不能只有測量角度的機械性操作，還是需要有概念性的理解，例如：每一個大刻度是幾度、小刻度是幾度、內圈刻度從0°往哪裡增加度數、外圈刻度從0°往哪裡增加度數、……。學童有了這些測量角度的相關概念，碰到任何型態的角度測量問題，可以有足夠的概念和知能來解決。對於他們在測量時常見的困難是將量角器的邊當作0°的始邊、看到的刻度不去確認是哪一圈的、……，應該也是可以減低和避免的。

學童作答舉隅

正確例一

向逆時針方向旋轉90°
因為望遠鏡的鏡頭目前是在160°的位置，金星的位置是在70°的位置，160－70＝90，兩個角度相差90，就是旋轉90°。旋轉的方向是從160°向70°旋轉，畫圖就知道是逆時針方向。

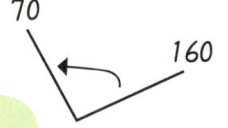

作答說明

學童從量角器外圈的刻度知道望遠鏡鏡頭的位置在160°，也就是角的始邊；金星的位置在70°的位置，也就是角的終邊。利用刻度160－70得知此角的角度為90°，也就是逆時針旋轉90°。學童對於量角器的工具結構非常熟悉，因此能正確報讀刻度，再則能利用圖示表徵清楚呈現角的旋轉方向，顯示已充分理解逆時針與順時針兩個旋轉方向。

作答說明

學童已理解量角器上的刻度有分大小格，且知道量角器1大格是10°，並且從量角器內圈的刻度知道望遠鏡鏡頭在20°的位置，金星在110°的位置，兩個位置的間距是9大格就是90°。旋轉的方向是從20°向110°方向旋轉，所以判定是逆時針旋轉。

正確例二

向逆時針方向旋轉90°
鏡頭目前是在20°的位置，金星在110°的位置，總共相差有9大格，一大格是10°，9大格就是90°。
旋轉的方向是從20°轉到110°，是逆時針旋轉。

作答說明

學童對於量角器的結構非常清楚，知道每一大格所表示的度數，除了能正確報讀量角器的刻度外，也能同時從外圈、內圈的度數差知道望遠鏡需旋轉90度，說明理由正確且完整，可惜在判斷旋轉方向時誤答了「順時針方向」。

部分正確

望遠鏡的鏡頭從外圈的160°轉到70°，
160－70＝90，是旋轉了90°，從內圈的度數
來看是從20°轉到110°，110－20＝90，
數格子也是9大格是90°，
所以是向順時針方向旋轉90°

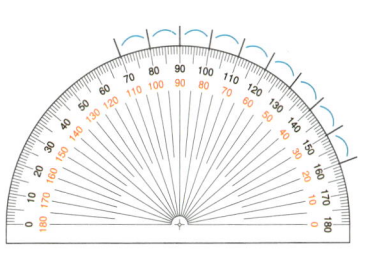

> **回答錯誤**
>
> 順時針方向旋轉110°
> 因為金星的位置是在110°，而且數字從0慢慢變大就像時鐘一樣，數字越來越大就是順時針。

> **作答說明**
>
> 學童從金星所對應的數字110，就直觀判別望遠鏡需旋轉110°，忽略了報讀角度時須同時參考始邊及終邊的位置。另一方面對於順時針及逆時針的概念不清楚，誤認為時針所指的數字由小到大（1～12）就是順時針，沒有發現數字大到小（10～6）也是順時針。

memo

42 我說你猜

　　數學課進行各種三角形「我說你猜」的活動，小香和皮皮一組。他們拿到了一個三角形圖卡，兩人分別對這個三角形的特徵提出下面的描述。

　　小香：「我量了這個三角形的兩個底角都一樣大。」

　　皮皮：「這個三角形最大的角是直角。」

　　根據他們的描述，小香和皮皮這一組拿到的是什麼三角形？請說明你是怎麼判斷的。

小香和皮皮這一組拿到的是什麼三角形？

我判斷的理由：

教授的留言板

　　學童從分辨一些常見的平面圖形中認識三角形，接著認識三角形的構成要素，有三條邊、三個角、三個頂點後，就會從邊的長度、角的大小關係來認識特定的三角形。這些特定三角形從邊分有正三角形、等腰三角形、不等邊三角形；從角分有銳角三角形、直角三角形、鈍角三角形。學童面對這麼多特定三角形，有關邊長、角度性質的描述，若不能從概念來理解，而是死記或亂湊名稱，則容易遺忘。親師可多提供學童一些操作活動，例如：從邊來分類、從角來分類、……，也可提供一些三角形讓他們描述，例如：從看不見的袋中摸個形狀先描述再檢查等，幫助他們將名稱和特性做連結。本題正是後者活動的延伸，而且是一題難度稍高的評量題，它是有兩個性質的特定三角形。

主題五：圖形與空間

學童作答舉隅

正確例一

是等腰直角三角形
小香說三角形有兩個一樣大的底角，底角一樣大表示兩個邊一樣長，所以是等腰三角形。
皮皮說這個三角形有一個直角，所以三角形中是等腰又有直角的三角形，是等腰直角三角形。

作答說明

雖然題目的提示未說明邊的特徵，但學童「從底角一樣大」的訊息知道等腰三角形雖然以邊來命名，但是兩個邊等長時兩個底角也會一樣大。接著從皮皮說「有一個直角」的訊息中知道是直角三角形，再綜合邊和角的特性，推論此三角形是等腰直角三角形。

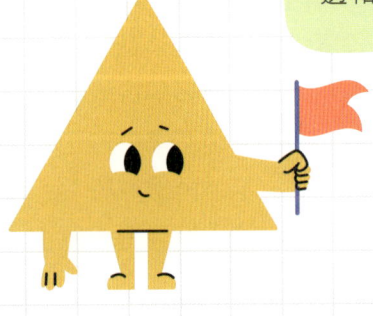

正確例二

拿到的是等腰直角三角形

我用畫圖的就知道了，皮皮說這個三角形有一個直角，我先畫一個直角。再從對角線連起來兩個底角才會一樣大，邊也一樣長，畫出來就是等腰直角三角形。

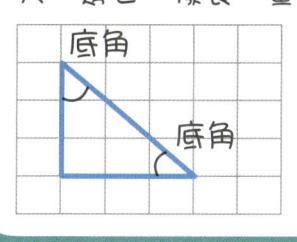

作答說明

學童依照皮皮的訊息「最大的角是直角」先畫出直角，接著再從「兩個底角相同」的訊息，找到對角線連起來時發現底角相同，此時三角形的邊長是一樣長，最後畫出一個等腰直角三角形，因此推論拿到的圖卡是等腰直角三角形。

回答錯誤一

是直角三角形
因為皮皮說：「這個三角形最大的角是直角」，就一定是直角三角形，直角三角形也有兩個底角。

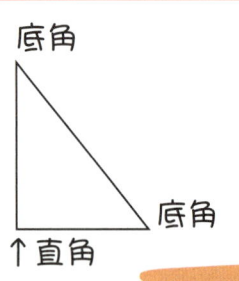

底角
底角
↑直角

作答說明

學童雖然知道有直角的三角形就是直角三角形，但是忽略題目中「兩個底角相同的訊息」，所以無法連結邊長相同，因此錯誤回答直角三角形，對於等腰直角三角形同時以邊和角特性命名並不清楚。

回答錯誤二

是直角底角三角形
因為題目裡面有直角和底角，我學過跟角有關的三角形，只要有什麼角就是什麼三角形。

作答說明

學童知道三角形以「角」來命名，但是不清楚是依照何種特性命名，誤以為有角的名稱出現，就以該角的名稱命名。因此當題目出現直角與底角兩個角的名稱時，就將兩個角合併成為三角形的名稱，對於三角形以角分類及命名的概念還未建立。

memo

43 香包的祕密

姐姐有一塊正方形的花布（如圖一），想要用這塊花布做一個香包，她先將正方形沿著線剪開（如圖二），剪了兩個三角形（如圖三），姐姐說：「我剪的這兩個三角形全等！」你同意姐姐的說法嗎？請把你的想法寫出來。

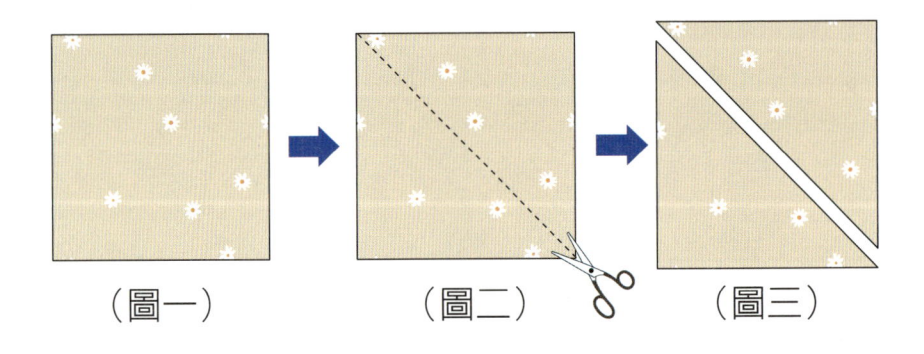

（圖一） → （圖二） → （圖三）

你同意姐姐的說法嗎？

我的想法：

教授的留言板

　　學童首次接觸平面圖形中的全等概念，先藉由兩個圖形的完全疊合來確認，圖形可透過平移、旋轉、翻轉等來疊合；進一步需知道這兩個圖形全等的邊、角對應關係，以及兩個全等圖形間的相同性質。學童還要熟悉一些基本圖形的性質，例如：長方形的對邊等長、四個角都是直角；三角形可用邊的長度、角的大小來分類，……。他們必須能利用這些平面圖形間邊、角等的性質，來找全等圖形的條件是否滿足？本題的評量目標就是利用一個正方形、兩個三角形間的關係和性質，來找出圖形全等的條件，能找到就符合、找不到就不符合。

學童作答舉隅

正確例一

是全等三角形

正方形的四個邊都一樣長，香包的三角形有兩個邊都是正方形的邊，第三邊是共同用剪刀剪出的邊，所以邊長都一樣。

正方形有四個直角，兩個三角形都有直角。另外兩個角是從直角減一半，都是45°，所以兩個三角形的角度也都一樣，是全等三角形。

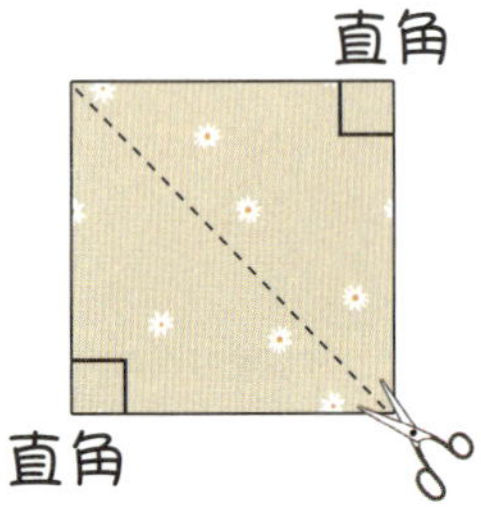

作答說明

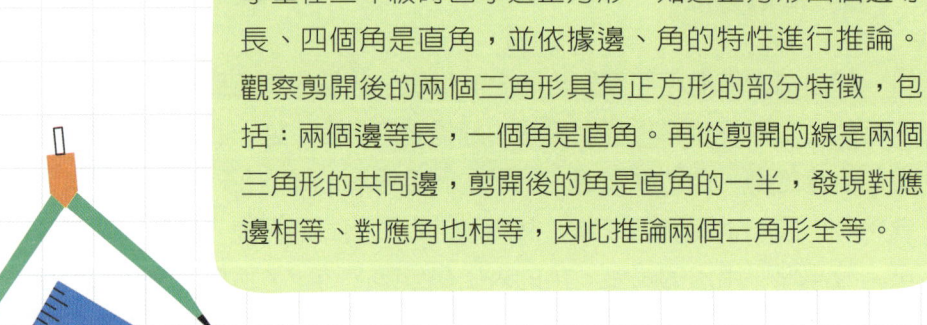

學童在三年級時已學過正方形，知道正方形四個邊等長、四個角是直角，並依據邊、角的特性進行推論。觀察剪開後的兩個三角形具有正方形的部分特徵，包括：兩個邊等長，一個角是直角。再從剪開的線是兩個三角形的共同邊，剪開後的角是直角的一半，發現對應邊相等、對應角也相等，因此推論兩個三角形全等。

正確例二

全等三角形

我把兩個三角形分成圖ㄅ和圖ㄆ，如果兩個圖形全等，對應角和對應邊會相等。

角1的對應角是角3，角2的對應角是角4。把圖ㄆ翻轉後再移過來和圖ㄅ疊起來比一比，它們的角和角、邊和邊都可以完全的疊合在一起，所以是全等。

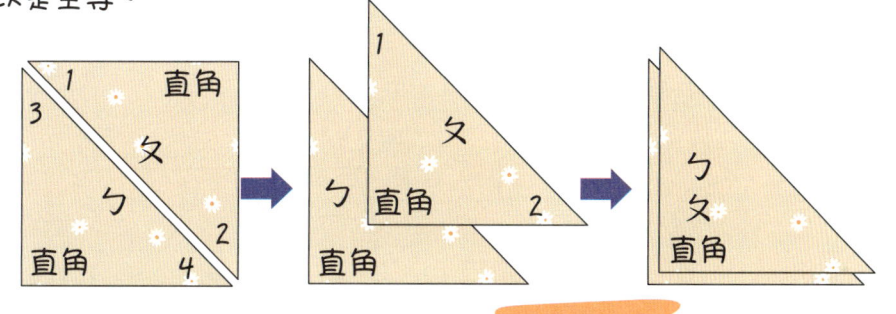

作答說明

學童將剪開的兩個三角形自行編號為ㄅ和ㄆ，並標示相對應的角，知道圖形全等時對應邊和對應角會相等。利用翻轉、平移的方式將兩個三角形疊在一起，發現三個角和三個邊都能完全疊合在一起，因此判定兩個三角形是全等三角形。

正確例三

是全等
我用直尺和量角器量一量就知道了。
三個角度分別是90°、45°、45°
三個邊長分別是3公分、3公分、4.2公分
角度一樣、邊長一樣長，所以是全等。

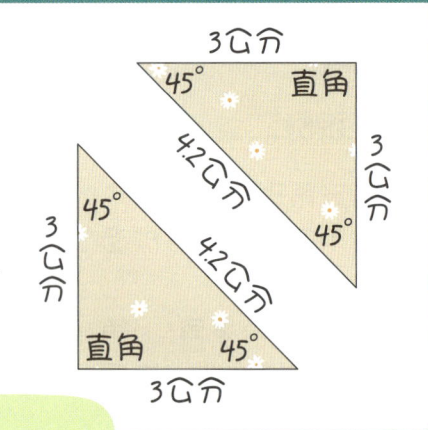

作答說明

學童利用直尺及量角器測量，從測量結果得知兩個三角形的三個角度分別是90°、45°、45°，邊長也是3公分、3公分、4.2公分。角度一樣、邊長等長，因此判定兩個三角形為全等圖形。

回答錯誤

不是全等圖形
全等就是全部要相等，三個角要一樣大，這兩個三角形只有兩個直角是一樣大，其他四個角都不是直角，所以角不相等，不能說是全等。

作答說明

學童不瞭解全等的意義，誤以為全等就是兩個圖形所有的角都一樣大，而圖形中六個角只有兩個角是直角，其他四個不是直角，所以不是全等。對於三角形最多只有一個直角的概念缺乏，也無法從兩個圖形的對應邊、對應角的關係判斷是否全等。

memo

44 小傑畫的兩條線

老師出了一題回家作業：「找一找家中哪些物品有平行線？把平行線畫在作業簿上。」小傑找到一張長方形生日卡片，並且在作業簿上描出卡片上的兩條線A、B（如下圖），畫完後小傑說：「我畫的這兩條線互相平行。」

你覺得小傑的說法正確嗎？請寫出你的想法。

你覺得小傑的說法正確嗎？

我的理由：

教授的留言板

　　學童學習平面圖形是依據van Hiele幾何概念學習發展層次，他們在國小階段會經歷前面的三個階段，先是「視覺期」用直觀、視覺來分辨基本圖形，接著是「分析期」也稱為要素期，此時期在認識它們的構成要素，最後是「非形式演繹期」，在解釋並推理各要素之間的關係。非形式演繹期又分前期和後期，前期討論的是一個圖形內的邊、角等關係；後期討論的是兩個圖形間包含關係，這要到學童從具體運思期進入形式運思期才能發展。目前，學童正處於前期在圖形中認識垂直、平行等性質；垂直、平行討論的就是兩線段、兩直線間的關係。本題就在評量學童能否用學過的平行性質，來判斷圖卡上兩條線段的關係。

主題五：圖形與空間

學童作答舉隅

學童知道兩條直線同時與另一條直線垂直時，即可判定兩條線互相平行。利用三角板先畫一條通過A、B的垂直線，再用三角板檢查A、B兩條線同時垂直紅線，判斷小傑畫的兩條線是平行線。

正確例一

作答說明

小傑是對的
我先用三角板畫一條和B垂直的紅線，
再用三角板檢查A也與紅線垂直，
知道A和B有平行。

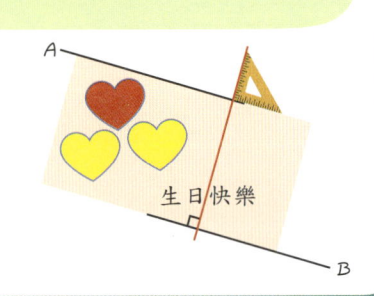

正確例二

小傑是對的
我把A和B的線畫長一點，用三角板量量看A線到B線的垂直線都一樣長，所以A和B有平行。

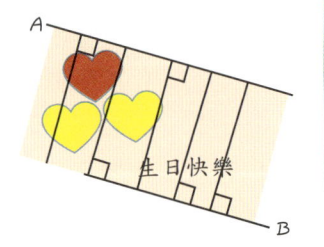

作答說明

學童利用平行線間垂直線處處相等的特性進行檢核，在A和B線間用三角板測量垂直距離，發現長度都相同，表示A和B有平行。

回答錯誤一

小傑說錯了
我畫了一條垂直線，發現A、B和這條線沒有直角，所以沒有平行。

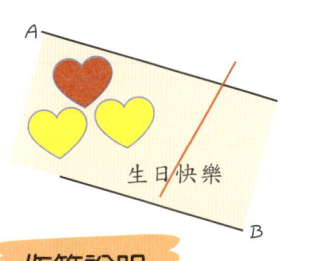

作答說明

學童雖具有兩條線同時垂直於另一條線時，可判定兩條線互相平行的概念。但是畫垂直線時沒有善用工具，或者只留意其中A線有垂直，就認為畫的是垂直線，未發現另一線B沒有垂直，導致檢核時沒有直角，所以判定A、B兩線段不是互相平行。

作答說明

學童認為平行線就是兩條長度差不多的線，放在一起比較就是平行線。對於略有錯開的兩條線段無法判別，直觀認為不是平行線，對於平行的定義不瞭解。

回答錯誤二

小傑錯了
平行線就是平平的線，這兩條線沒有平平的放在一起，看起來沒有平行。

45 失落的一塊拼圖

阿光參加圖形拼拼樂闖關活動，遊戲規則是完成拼圖就可以過關。阿光的拼圖只剩下一塊（如圖一），但是桌上還有兩塊圖卡（圖A和圖B），他應該選擇哪一塊圖卡，才能完成拼圖呢？請把你的理由寫下來。

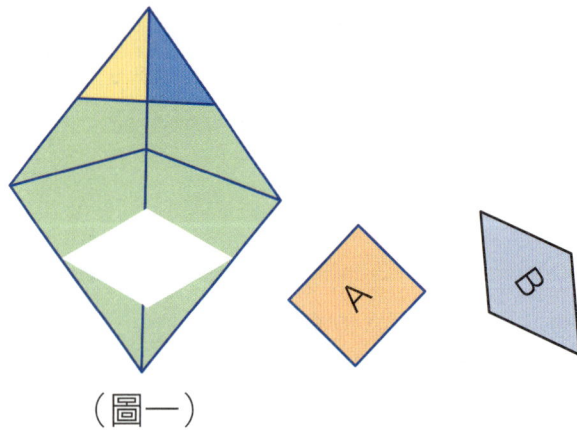

（圖一）

他應該選擇哪一塊圖卡，才能完成拼圖呢？

我的理由：

教授的留言板

　　學童認識正方形分三個階段：在「視覺期」是方方正正的樣子，和圓形、長方形、三角形不同；在「分析期」知道四條邊、四個角的狀態；在「非形式演繹期」可進一步描述兩對邊的關係。從圖形的構成要素來看，正方形要同時考慮邊和角、長方形只需考慮角、菱形只需考慮邊，它們之間產生了包含關係，正方形是長方形的一種、正方形也是菱形的一種；這些圖形間的關係需在學童進入「非形式演繹期」後期才會發展，不適合學童在此時學習和討論。本題想瞭解學童對圖形的掌握情況和程度，也可從他們寫的說明看出在幾何概念發展的哪個階段。

學童作答舉隅

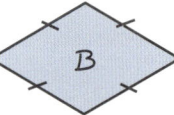

作答說明

學童從四邊形邊和角的特徵進行觀察，從四個邊長是否相等、四個角是否是直角，以及是否有兩組平行的對邊等條件，判斷最後一塊拼圖的圖形是菱形。再觀察B圖形是否也具有菱形相同的特徵，發現也有四個邊相同、四個角不是直角的特徵，因此選擇B圖才能過關，對於菱形的性質非常清楚。

正確例一

阿光應該選擇B

因為最後一塊圖形的四個邊都一樣長，有兩組平行的對邊而且沒有直角，所以是一個菱形。
B圖卡的四個邊也一樣長，也有兩組平行的對邊，也沒有直角，所以也是菱形。

正確例二

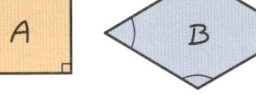

阿光應該選擇B
A圖形是長方形，它有四個直角。
B圖沒有直角，和阿光的最後一塊的圖形一樣。

作答說明

學童以直角作為判斷的依據，先將A圖與最後一塊拼圖的圖形作比較，發現A圖有四個直角，但是阿光最後一塊拼圖的四個角都不是直角，因此判斷A圖不可能，正確應該選B圖。

正確例三

阿光應該選擇B
A圖的四個邊不一樣長
B圖的四個邊長都一樣，最後一塊拼圖的四個邊長也一樣，我用尺量全部長度都一樣。

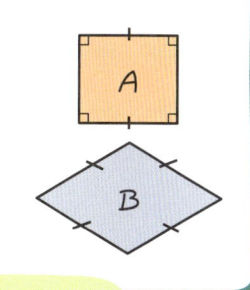

作答說明

學童以邊是否等長作為判斷依據，觀察B圖四邊等長，最後一塊拼圖的四邊也等長，再透過實際測量後長度都相同，因此選擇B圖。

回答錯誤

選A，因為兩個圖形看起來很像，而且方向也一樣。

作答說明

學童受圖形的外觀及擺放方向的影響，直觀判斷A圖和最後一塊拼圖很像，並非從四邊形的特徵及要素做比對，對於菱形與長方形的邊、角性質不清楚。

46 小圖形大任務

數學課時老師進行「小圖形大挑戰」的活動，每組都有不同的任務卡，小香這組抽到的任務卡如下：

邊長1公分的方格紙上有一個四邊形，已經畫了兩邊（如右圖），這兩條邊的長度不能改變，請畫出完整的四邊形。

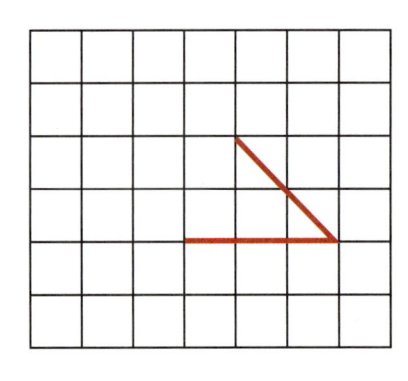

小香可以畫出哪一種四邊形呢？請說明你的理由。

小香可以畫出哪一種四邊形呢？

我的理由：

教授的留言板

　　學童已學過一些常見四邊形的構成要素和性質，他們可利用這些特性畫出四邊形。有可能先想好名稱，再根據該四邊形特性來畫；也有可能先畫出四邊形，再根據該圖形的特性來命名。本題的設計提供了方格紙，方格紙上有很多幾何圖形的性質，例如：直角、方格的四邊等長、兩條線互相垂直、兩條線互相平行、……，很可惜的是親師和學童鮮少去討論或思考它。如果沒有提供方格紙，畫四邊形會複雜很多，尤其是畫垂直線、平行線；況且學童此時尚未學習尺規作圖，圓規是用來量距離、找交點，直尺是用來畫直線。本題就是想瞭解學童如何用直尺等，在方格紙上畫出什麼四邊形？並能正確命名。

學童作答舉隅

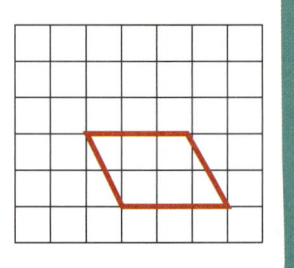

作答說明

學童先從已畫好的兩條邊觀察，發現兩條邊長度不同，無法繪製四邊等長的正方形及菱形；接著再從兩條邊是否有垂直現象，否決繪製長方形的可能性。最後判斷符合條件的圖形是平行四邊形，而平行四邊形有兩組平行的對邊，且兩組對邊的長度不同，依此特性正確畫出圖形，對於特殊四邊形的性質非常瞭解。

正確例一

可以畫出平行四邊形
圖上面的兩條邊長不同，所以不能畫出正方形和菱形；它們也沒有垂直，所以也不能畫長方形。
平行四邊形有兩組平行的對邊，而且兩組的對邊不一樣長，所以可以畫出來。

正確例二

可以畫出梯形
因為梯形有一組平行的對邊，找到和3公分的邊平行，就可以畫出梯形。

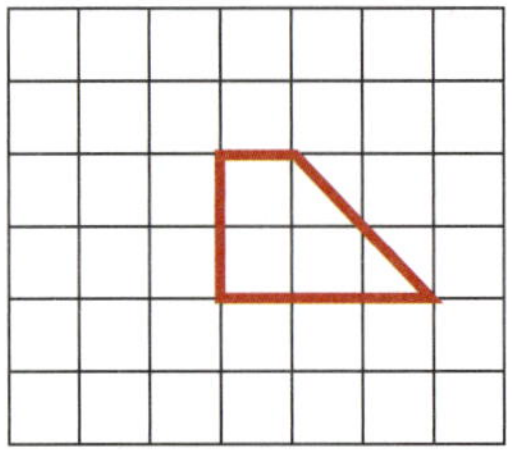

作答說明

學童知道梯形的特徵是有一組平行的對邊，找到和兩條邊中的任一條平行，即可畫出梯形，對於梯形的性質已能掌握。

作答說明

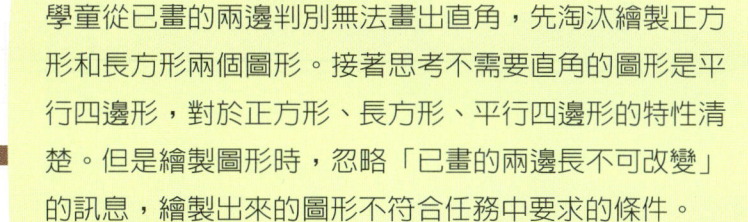

學童從已畫的兩邊判別無法畫出直角，先淘汰繪製正方形和長方形兩個圖形。接著思考不需要直角的圖形是平行四邊形，對於正方形、長方形、平行四邊形的特性清楚。但是繪製圖形時，忽略「已畫的兩邊長不可改變」的訊息，繪製出來的圖形不符合任務中要求的條件。

部分正確

平行四邊形
已經畫好的兩條邊不能畫出正方形和長方形，因為它們要有四個直角。
平行四邊形有兩組平行的對邊，不需要直角，所以可以畫出來。

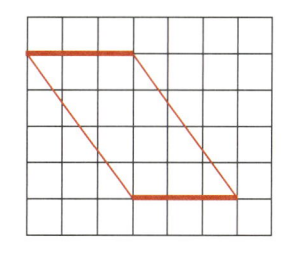

作答說明

學童不瞭解菱形四邊等長的特徵，將平行四邊形與菱形的部分性質混淆，且無法察覺任務中的兩條邊不相等，不可能繪製出菱形。

回答錯誤

菱形
因為找到跟邊平行且一樣長的線連起來，就是菱形。

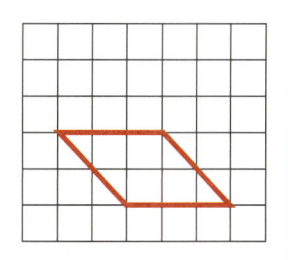

主題五：圖形與空間

47 草莓園

　　貞貞家有一塊周長60公尺的正方形土地（如圖一），他想要在土地上種草莓和蔬菜（如圖二）。蔬菜區的面積是75平方公尺，草莓成長需要有空間，因此要先知道土地面積有多大才能購買小苗，貞貞請弟弟幫忙算草莓園的面積，弟弟說：「草莓園的面積是蔬菜區的2倍。」你覺得弟弟的說法正確嗎？請寫出你的理由。

（圖一） 　　（圖二）

你覺得弟弟的說法正確嗎？

我的理由：

教授的留言板

　　學童對面積公式的掌握，不能只是口訣，而是要有意義的理解；一想到「長邊」就有「一排有幾個1平方單位」、「寬邊」就有「有幾排」的心像。面積公式的教學有很多細節要注意，親師不宜認為「長×寬＝面積」只要透過拼排及講解就好；因為學童不可能有微積分概念，瞭解長沿寬邊形成了一個面。在國小階段，親師只能讓學童從1平方單位的拼排，感受到面積的存在：先從一排有幾個1平方單位（例如：1平方公分、1平方公尺、……）、有幾排來進行面積的求算，再藉由乘法公式來瞭解共有幾個1平方單位，並探討長邊和一排有幾個1平方單位、寬邊和有幾排的關聯，最後利用「長×寬＝面積」來簡記。

　　學童已學習正方形、長方形的面積公式，也知道邊長和周長、面積的關係；但是，仍然有很多學童會混淆周長和面積的算法。親師不要認為周長或面積公式教過學童就不會弄錯，其實要確認他們看到「周長」能否有邊界或周界的心像？並能區分邊長和周長的差異，還有看到「面積」能否有區域大小的心像？並能瞭解面積公式是從長邊、寬邊來算出共有「幾×幾個1平方單位」拼排而成。

學童作答舉隅

正確例一

弟弟的說法正確
先算出正方形每邊長 60÷4＝15
蔬菜區的寬是 75÷15＝5
草莓園的寬是蔬菜區寬的2倍，長邊一樣是15，
所以面積也是2倍，就是150平方公尺。

	10	5
15	草莓園	蔬菜區

作答說明

學童能掌握周長與邊長的關係，知道正方形周長60公尺是四個邊長的總和，先算出正方形的每邊長為15公尺，再藉由蔬菜區的面積75平方公尺逆推算出寬是5公尺，利用同長但寬為2倍關係，得知草莓園面積是蔬菜區的2倍。

正確例二

弟弟的說法正確
先算出每邊長 60÷4＝15
正方形全部的面積是
15×15＝225
225－75＝150
150÷75＝2（倍）

作答說明

學童利用周長推算正方形的邊長為15公尺，算出土地的總面積225平方公尺，再扣掉蔬菜區的面積75平方公尺，剩下就是草莓園的面積150平方公尺，因而得知草莓園的面積是蔬菜區面積的2倍。

作答說明

學童用測量的方式量出草莓園和蔬菜區的寬，大約為 2 倍關係，就判定草莓園的面積是蔬菜區的 2 倍，未說明兩個園區的長相同，面積才是 2 倍。說明理由並非從周長與邊長的訊息去推算，對於周長、邊長、面積的概念缺乏。另一方面，學生在測量時容易產生誤差，測量結果無法精準，也會造成判斷上的錯誤。

部分正確

弟弟的說法正確
我用量的發現草莓園的寬大約是長的 2 倍，所以面積剛好 2 倍。

回答錯誤

弟弟的說法錯了
$60 \times 60 = 3600$
$3600 - 75 = 3525$

作答說明

學童無法掌握周長與邊長的關係，誤將正方形的周長視為邊長，因此認為算出全部土地的面積，再扣掉蔬菜區的面積，剩下就是草莓園的面積。

48 體積一樣大嗎

　　下課時，大方和小企拿1立方公分的正方體積木玩堆堆樂遊戲，大方堆了一個形體（如圖A），小企也堆出一個形體（如圖B）。

　　小企說：「我們堆出來的體積一樣大。」

　　你同意小企的說法嗎？請寫出你的想法。

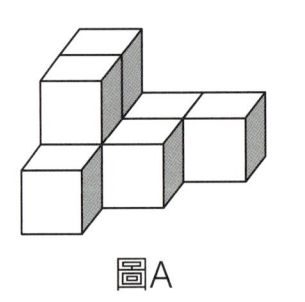

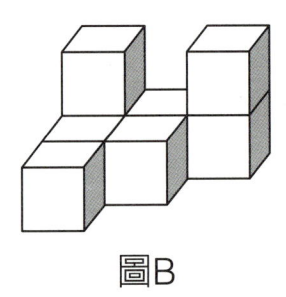

圖A　　　　　　圖B

你同意小企的說法嗎？　　我的想法：

教授的留言板

　　學童對積木堆疊的探討重點，可以是探討形體的樣子，以及它們的體積、積木的數量，甚至未來會對體積和表面積的關係進行探索。學童實際堆疊出來的三維實體，對應於該形體的二維圖片，他們不一定能將兩者做關聯。親師宜多提供實體和不同角度的圖片，讓他們察覺和掌握兩者間都是表徵同一形體。當學童在學正方體、長方體時，這些三維實體和二維圖片就應該有觀察的機會，並能從圖片看出對應的形體。若學童們有玩五方連塊的經驗，他們就會觀察到體積一樣、形體不同，以及不同角度看的同一形體。他們還要有實際生活中從前面、側面、上面看形體的經驗，接著也要能想像圖片中形體從前面、側面、上面看到的面，這將有助於學童到國中時學習三視圖。本題就在瞭解學童對紙面上形體的掌握，能否正確點數出積木的數量。

學童作答舉隅

作答說明
學童察覺圖A、B兩個形體之間的關係，發現只要將上層的積木移動1個，兩個形體就會一樣，體積也會相同。

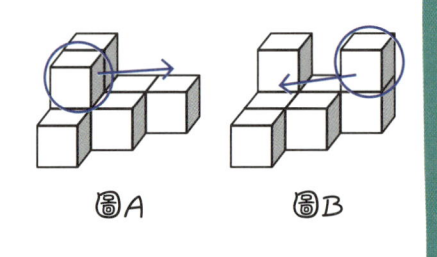

正確例一
同意
把圖A的1個積木往右移，
或者把圖B的1個往左移，
就會長得一樣。
兩個體積一樣大

圖A　　圖B

正確例二
同意
圖A看到的有6個，加上被遮住的有2個共有8個，是8立方公分。
圖B看到的有7個，被遮住的有1個共有8個，也是8立方公分。
我用數的

圖A　　圖B

作答說明
學童將形體分成可直接點數及被遮住兩部分，經點數後兩個形體都是8立方公分，所以體積是一樣的。

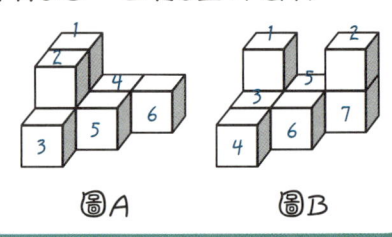

部分正確

不同意
我用數的，兩個人堆的體積都一樣是8立方公分，但是兩個長得不一樣。

作答說明
學童用點數的策略得知兩個形體的體積都是8立方公分，但是對於等積異形的概念還未建立，認為形體長得不同，體積不同。

回答錯誤一

不同意
大方的是6立方公分
小企的是7立方公分

作答說明
學童只針對看到的積木進行點數，發現圖A的體積是6立方公分，圖B的體積是7立方公分，所以判斷小企的說法不正確。

回答錯誤二

不同意
兩堆積木形狀不同，不會一樣。

作答說明
學童認為形體不同，體積就會不同，並且將形體誤植為形狀，對於平面圖形與立體形體的概念還需再建立。

主題五：圖形與空間

memo

主題六
資料與不確定性

49 兒童節禮物

兒童節快到了，大美國小主任調查全校學生喜歡的兒童節禮物，並製作了長條圖，如下：

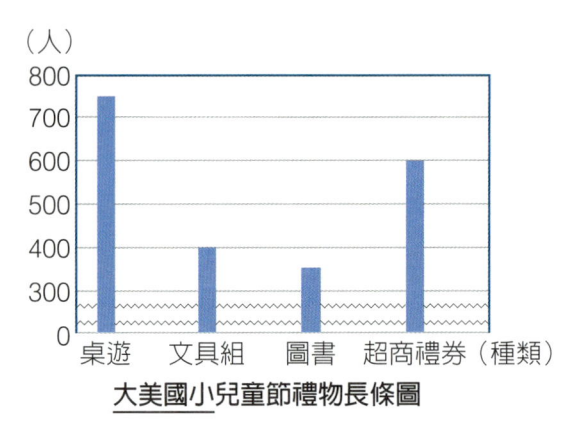

(人)

```
800
700
600
500
400
300
  0
     桌遊  文具組  圖書  超商禮券 （種類）
```

大美國小兒童節禮物長條圖

君君說：「喜歡超商禮券的長條高度占了4格，文具組的長條高度占了2格，所以喜歡超商禮券的人數是文具組人數的2倍。」

你同意君君的說法嗎？請把你的理由寫出來。

你同意君君的說法嗎？

我的理由：

教授的留言板

　　學童學過長條圖的報讀後，應該可從長條圖的表名、橫軸的類別、縱軸的數量，以及長條圖的長短，瞭解呈現資訊中的相關內容。學童學習的長條圖有直式：橫軸是類別、縱軸是數量，還有橫式：縱軸是類別、橫軸是數量。若從資料中的主角來看，有一種主角的，例如：全班學生；也有兩種主角的，例如：某班的男生和女生。複雜長條圖就是呈現兩種主角資訊的統計圖，他們在類別軸的各個類別上一起出現，可以是左、右併置，也可以是上、下堆疊。本題不是複雜長條圖，只是基本的長條圖，它讓學童從直觀來判斷長條圖中資訊間的關係，評量他們能否用所學的長條圖知能來解題。

學童作答舉隅

作答說明

學童從長條圖中發現有省略符號，且從長條圖的資料得知每類投票人數都超過300人，300人以下的人數在統計圖上可省略，對於省略符號的意義非常清楚。瞭解每類長條高度所佔的格子數並非全部人數，所以不可以用格子4格和2格表示人數是2倍關係。

正確例一

不同意君君的說法

圖中有省略符號，表示每一項禮物的投票人數都在300人以上，300人以下的資料都被省略了。
超商禮券的長條高度雖然是4格，文具組是2格，但都不是全部的人數，還要包含省略後的200人、100人，所以不可以用格子表示人數是2倍關係。

正確例二

不同意

喜歡超商禮券的人數從縱軸對應的人數是600人，文具組對應的人數是400人，400人的2倍是800人才對。
$600 \div 400 = 1 \cdots 200$
喜歡超商禮券的人數是文具組人數的1倍多，不是2倍。

作答說明

學童觀察長條圖中縱軸的數據，人數從300到800，再從各長條高度對應縱軸的人數，得知超商禮券投票人數為600人，文具組的人數為400人。400人的2倍是800人不是600人，因此判別君君的說法不正確。

作答說明

學童從長條圖中發現了省略符號,也知道省略符號在此圖上的意義,表示每一類禮物的投票人數在300人以上,300人以下的人數可省略;並從縱軸的數據發現組距的關係,一個間隔代表100人,雖然正確回答不同意君君的說法,人數不是2倍。但說明理由只提出超商禮券不只4格,文具組也不是2格,並未清楚說明兩者人數是多少,或者格子與人數之間的關係,理由不完整。

部分正確

不同意君君的說法,人數不是2倍

圖上有省略符號,300以下的人數不見了,一格代表100人,所以超商禮券不只4格,文具組也不是2格,人數不是2倍。

回答錯誤

同意君君的說法
因為1格是100人,超商禮券的長條4格是400人,文具組2格是200人,400是200的2倍。

作答說明

學童知道縱軸的間距1格是100人,但是直觀的點數超商禮券和文具組所占的格子數,誤認為4格就是400人,2格就是200人,是2倍關係;不瞭解省略符號的意義,也無法正確報讀長條圖上的訊息。

主題六:資料與不確定性

50 票選班服

　　四年仁班票選班服顏色，全班男生有17人、女生有15人，下圖是老師調查後還沒有繪製完成的長條圖（如下圖）。

　　兩位同學針對調查的結果，提出了補充說明如下：

大勇：「喜歡藍色的男生比女生少3人。」

小琪：「喜歡黃色的男女生人數一樣。」

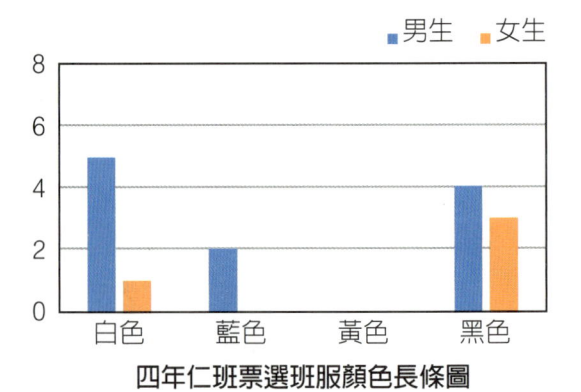

　　請完成四年仁班票選班服顏色長條圖，並說明你的作法。

四年仁班票選班服顏色長條圖

請完成四年仁班票選班服顏色長條圖

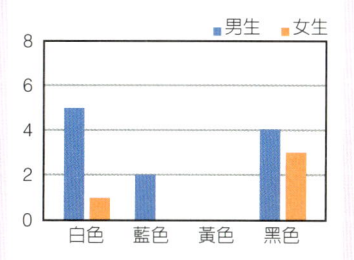

我的作法：

教授的留言板

　　學童的學習除了從正向著手外，也應有反向的思考機會，將一個尚未完成的長條圖，根據資訊來推知。親師可以從這樣的問題中，瞭解學童連結統計圖和整數數量關係的狀況，進行將有部分訊息的長條圖，根據同學們的補充來完成。這類題目的設計，一般會用基本的、簡單的長條圖，以及不難的數量關係來命題。適合評量學童在學校學習的成效，需要的是親民的建構反應題，而不是難題或資優題，這樣才能掌握他們真正的學習狀況。本題的評量目標就如前述的內容，這是一題有關數學的思維，並可瞭解學童數學素養的建構反應題。

學童作答舉隅

作答說明

學童從男生總數17人推算出選黃色的男生是6人,再從題目訊息「選黃色的男女生人數相同」,可算出選黃色的女生也是6人。最後從題目訊息「喜歡藍色的男生比女生少3人」,得到選藍色的女生是5人,因此完成各顏色長條圖。

正確例一

男生有17人,17－5－2－4＝6
可以算出選黃色的男生是6人
喜歡黃色的男女生人數一樣
→知道女生也是6人
喜歡藍色的男生比女生少3人,
選藍色的女生是2＋3＝5

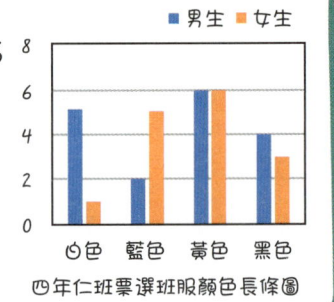

四年仁班票選班服顏色長條圖

作答說明

學童從題目訊息「喜歡藍色的男生比女生少3人」，先推算選藍色的女生票數；接著從總票數32人扣掉已知的三個顏色的票數剩下12人；再從題目訊息「喜歡黃色的男女生人數一樣」得知選黃色的男女生各為6人，因此正確完成長條圖。

正確例二

「喜歡藍色的男生比女生少3人」，
男生2人，選藍色的女生是2＋3＝5
全班人數扣掉已知道的白藍黑三顏色人數
32－6－7－7＝12
「喜歡黃色的男女生人數相同」
12÷2＝6

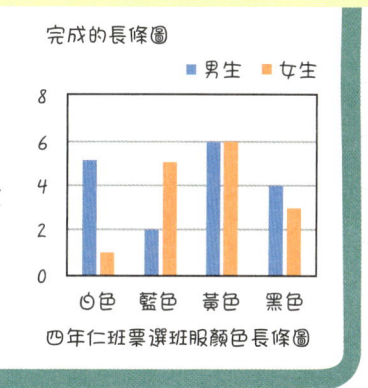

完成的長條圖

四年仁班票選班服顏色長條圖

部分正確

先算出未投票數，32－6－2－7＝17
再從藍色的男生比女生少3人，得知選藍色的女生是5人，17－5＝12
12÷2＝6

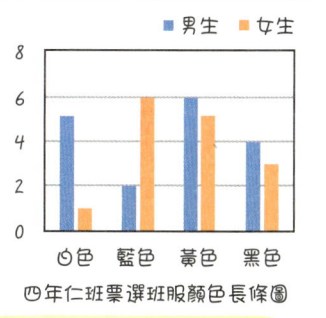

四年仁班票選班服顏色長條圖

作答說明

學童先算出未投票數，接著從「喜歡藍色的男生比女生少3人」訊息中得知女生投票人數5人，最後算出投黃色的男女生人數。可惜畫長條圖時畫錯了，誤將投黃色的女生票數畫成藍色的女生票數，雖正確算出各顏色類別的人數，但是未能正確完成長條圖。

回答錯誤

32－6－2－7=17
「喜歡藍色的男生比女生少3人」
17－3＝14

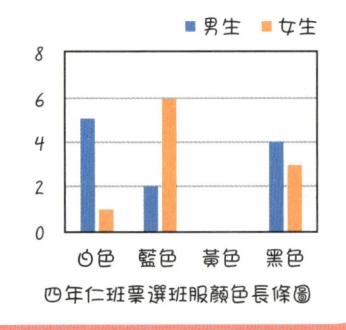

四年仁班票選班服顏色長條圖

作答說明

學童從總人數推算出未投票數為17人，但受題目「喜歡藍色的男生比女生少3人」訊息的影響，將票數減掉3人，得知剩下的票數為14人，不僅算出的人數錯誤，也無法完成長條圖。

memo

附錄一　「整數與概數」各題之評量目標與對應各版本單元內容

題目名稱	評量目標	對應學習內容	對應單元	備註
1. 存錢	認識位值表上的數。	N-4-1 一億以內的數：位值單位「萬」、「十萬」、「百萬」、「千萬」。建立應用大數時之計算習慣。	**翰林**四上 1 一億以內的數 1-2 一億以內的數 **康軒**四上 1 一億以內的數 1-2 一億以內的數 **南一**四上 1 一億以內數 1-1 一億以內數	
2. 我是大富翁	運用位值單位進行大數的大小比較。	N-4-1 一億以內的數：位值單位「萬」、「十萬」、「百萬」、「千萬」。建立應用大數時之計算習慣。	**翰林**四上 1 一億以內的數 1-3 大數的大小比較與加減 **康軒**四上 1 一億以內的數 1-3 大數的大小比較 **南一**四上 1 一億以內數 1-3 一億以內數的大小比較	
3. 人口相差多少人	透過情境，解決大數的減法問題。	N-4-1 一億以內的數：位值單位「萬」、「十萬」、「百萬」、「千萬」。建立應用大數時之計算習慣。	**翰林**四上 1 一億以內的數 1-3 大數的大小比較與加減 **康軒**四上 1 一億以內的數 1-4 大數的加減 **南一**四上 1 一億以內數 1-4 大數的加減	

題目名稱	評量目標	對應學習內容	對應單元	備註
4. 答案合理嗎	能利用估算的方式解決多位數乘法的問題。	N-4-2 較大位數之乘除計算：處理乘數與除數為多位數之乘除直式計算。教師用位值的概念說明直式計算的合理性。	**翰林**四上 2 乘法 2-2 乘以三位數 **康軒**四下 1 乘法 1-1 三、四位數×三位數 **南一**四上 2 乘法 2-4 乘數為三位數的乘法	
5. 糟糕！數字不見了	熟練三位數乘以三位數的直式計算。	N-4-2 較大位數之乘除計算：處理乘數與除數為多位數之乘除直式計算。教師用位值的概念說明直式計算的合理性。	**翰林**四上 2 乘法 2-2 乘以三位數 **康軒**四下 1 乘法 1-1 三、四位數×三位數 **南一**四上 2 乘法 2-4 乘數為三位數的乘法	
6. 有幾個零	發現整千、整百相乘時，積的0個數規律。	N-4-2 較大位數之乘除計算：處理乘數與除數為多位數之乘除直式計算。教師用位值的概念說明直式計算的合理性。	**翰林**四上 2 乘法 2-3 乘法算式的規律 **康軒**四下 1 乘法 1-2 末位為0的乘法 **南一**四上 2 乘法 2-4 乘數為三位數的乘法	

題目名稱	評量目標	對應學習內容	對應單元	備註
7. 分分看有幾籃橘子	利用位值概念，判斷三位數除以二位數直式計算的合理性。	N-4-2 較大位數之乘除計算：處理乘數與除數為多位數之乘除直式計算。教師用位值的概念說明直式計算的合理性。	**翰林**四上 4 除法 4-2 除以三位數 **康軒**四上 4 除法 4-3 三位數除以二位數 **南一**四上 4 除法 4-5 三位數除以二位數，商是二位數的除法問題	
8. 買禮盒	能察覺除法算式中除數不變時，被除數與商的關係。	N-4-2 較大位數之乘除計算：處理乘數與除數為多位數之乘除直式計算。教師用位值的概念說明直式計算的合理性。	**翰林**四上 4 除法 4-4 除法算式的規律 **康軒**四下 1 多位數的乘與除 1-3 四位數除以三位數 **南一**四上 4 除法 4-7 多位數的除法問題	
9. 誰剩下的錢比較多	理解以換單位的方式進行除法直式計算時，餘數所代表的數值。	N-4-2 較大位數之乘除計算：處理乘數與除數為多位數之乘除直式計算。教師用位值的概念說明直式計算的合理性。	**翰林**四上 4 除法 4-4 除法算式的規律 **康軒**四下 1 多位數的乘與除 1-4 末幾位為0的除法 **南一**四上 4 除法 4-8 除數末位是0的整數除法問題	

題目名稱	評量目標	對應學習內容	對應單元	備註
10. 玫瑰花有幾朵	能以併式記法記錄連除兩步驟問題。	N-4-3 解題：兩步驟應用問題（乘除、連除）。乘與除、連除之應用解題。	**翰林**四上 8 兩步驟問題與併式 8-2 乘除與加減 **康軒**四上 6 整數四則計算 6-2 乘除兩步驟的併式 **南一**四上 8 整數四則 8-3 用有括號的算式解決連減或連除的問題	
11. 140 天的零用錢夠嗎	運用無條件進入取概數的方法，解決生活中的問題。	N-4-4 解題：對大數取概數。具體生活情境。四捨五入法、無條件進入、無條件捨去。含運用概數做估算。近似符號「≈」的使用。	**翰林**四下 1 概數 1-3 無條件進入法 **康軒**四下 8 概數 8-2 無條件進入法 **南一**四下 3 概數 3-2 無條件進入法	
12. 發票上的數字	能用四捨五入法取概數的捨與進位，推論精確數。	N-4-4 解題：對大數取概數。具體生活情境。四捨五入法、無條件進入、無條件捨去。含運用概數做估算。近似符號「≈」的使用。	**翰林**四下 1 概數 1-4 四捨五入法 **康軒**四下 8 概數 8-4 四捨五入法 **南一**四下 3 概數 3-4 四捨五入法	

題目名稱	評量目標	對應學習內容	對應單元	備註
13. 驚「夏」特賣會	能理解大數取概數的方法，解決生活中的問題。	N-4-4 解題：對大數取概數。具體生活情境。四捨五入法、無條件進入、無條件捨去。含運用概數做估算。近似符號「≈」的使用。	**翰林**四下 1 概數 1-5 概數的應用 **康軒**四下 8 概數 8-5 應用概數做估算 **南一**四下 1 概數 1-5 概數的應用	

附錄二 「分數與小數」各題之評量目標與對應各版本單元內容

題目名稱	評量目標	對應學習內容	對應單元	備註
14. 巧克力有幾盒	在離散量的情境中，能透過圖示表徵認識帶分數與假分數。	N-4-5 同分母分數：一般同分母分數教學（包括「真分數」、「假分數」、「帶分數」名詞引入）。假分數和帶分數之變換。同分母分數的比較、加、減與整數倍。	**翰林**四上 6 假分數與帶分數 6-1 認識真分數、假分數與帶分數 **康軒**四上 8 分數 8-1 認識真分數、假分數和帶分數 **南一**四上 6 分數 6-1 認識真分數、假分數和帶分數及其命名	
15. 水餃大車拼	能運用圖示表徵解決，假分數和帶分數的比較問題。	N-4-5 同分母分數：一般同分母分數教學（包括「真分數」、「假分數」、「帶分數」名詞引入）。假分數和帶分數之變換。同分母分數的比較、加、減與整數倍。	**翰林**四上 6 假分數與帶分數 6-3 分數的大小比較 **康軒**四上 8 分數 8-2 假分數與帶分數的互換與大小比較 **南一**四上 6 分數 6-2 整數、帶分數化成假分數	

題目名稱	評量目標	對應學習內容	對應單元	備註
16. 迴力車比賽	認識分數數線並在數線上進行大小比較。	N-4-5 同分母分數：一般同分母分數教學（包括「真分數」、「假分數」、「帶分數」名詞引入）。假分數和帶分數之變換。同分母分數的比較、加、減與整數倍。	**翰林**四上 6 假分數與帶分數 6-4 認識分數數線 **康軒**四下 6 等值分數 6-3 認識分數數線 **南一**四上 6 分數 6-4 將簡單分數標記在數線上	
17. 下午茶點心	在連續量的情境中解決假分數與真分數的加法問題。	N-4-5 同分母分數：一般同分母分數教學（包括「真分數」、「假分數」、「帶分數」名詞引入）。假分數和帶分數之變換。同分母分數的比較、加、減與整數倍。	**翰林**四下 4 分數（一） 4-1 同分母分數的加減法 **康軒**四上 8 分數 8-3 同分母分數的加減 **南一**四下 2 分數的加減和整數倍 2-2 同分母分數的加法	
18. 阿婆的茶葉蛋	在離散量的情境中，解決被乘數是帶分數、乘數是整數的乘法問題。	N-4-5 同分母分數：一般同分母分數教學（包括「真分數」、「假分數」、「帶分數」名詞引入）。假分數和帶分數之變換。同分母分數的比較、加、減與整數倍。	**翰林**四下 4 分數（一） 4-2 分數的整數倍 **康軒**四上 8 分數 8-4 分數的整數倍 **南一**四下 2 分數的加減和整數倍 2-4 分數的整數倍	

題目名稱	評量目標	對應學習內容	對應單元	備註
19. 誰吃的披薩比較多	運用等值分數解決簡單異分母分數的比較問題。	N-4-6 等值分數：由操作活動中理解等值分數的意義。簡單異分母分數的比較加減的意義。簡單分數與小數的互換。	**翰林**四下 8 分數（二） 8-2 簡單異分母分數的比較 **康軒**四下 6 等值分數 6-2 簡單異分母分數的比較與加減 **南一**四下 7 等值分數 7-2 簡單異分母分數的比較	
20. 消失的月餅	能在離散量情境中，利用等值分數的概念，解決內容物為多個個物的減法問題。	N-4-6 等值分數：由操作活動中理解等值分數的意義。簡單異分母分數的比較加減的意義。簡單分數與小數的互換。	**翰林**四下 8 分數（二） 8-2 簡單異分母分數的比較 **康軒**四下 6 等值分數 6-2 簡單異分母分數的比較與加減 **南一**四下 7 等值分數 7-2 簡單異分母分數的比較	
21. 吸管吹箭我贏了	在數線上認識分數與小數。	N-4-8 數線與分數、小數：連結分小數長度量的經驗。以標記和簡單的比較與計算，建立整數、分數、小數一體的認識。	**翰林**四下 8 分數（二） 8-4 分數與小數 **康軒**四下 6 等值分數 6-4 分數數線 **南一**四下 7 等值分數 7-2 簡單異分母分數的比較	

題目名稱	評量目標	對應學習內容	對應單元	備註
22. 馬賽克拼貼	認識二位小數，並瞭解「十分位」、「百分位」的意義。	N-4-7 二位小數：位值單位「百分位」。位值單位換算。比較、計算與解題。用直式計算二位小數的加、減與整數倍。	**翰林**四上 9 二位小數 9-1 認識二位小數 **康軒**四上 9 小數 9-1 認識二位小數 **南一**四上 9 小數 9-1 認識二位小數	
23. 跳遠測驗	理解公尺與公分的關係，且能以二位小數描述物件長為幾公尺。	N-4-7 二位小數：位值單位「百分位」。位值單位換算。比較、計算與解題。用直式計算二位小數的加、減與整數倍。	**翰林**四上 9 二位小數 9-1 認識二位小數 **康軒**四上 9 小數 9-1 認識二位小數 **南一**四上 9 小數 9-1 認識二位小數	
24. 答案比17大嗎	解決生活中二位小數的減法問題。	N-4-7 二位小數：位值單位「百分位」。位值單位換算。比較、計算與解題。用直式計算二位小數的加、減與整數倍。	**翰林**四上 9 二位小數 9-4 小數的加法與減法 **康軒**四上 9 小數 9-4 小數的加減 **南一**四上 9 小數 9-4 二位小數的加、減法	

題目名稱	評量目標	對應學習內容	對應單元	備註
25. 加油費用	透過生活情境，解決一位小數乘以二位整數的問題。	N-4-7 二位小數：位值單位「百分位」。位值單位換算。比較、計算與解題。用直式計算二位小數的加、減與整數倍。	**翰林**四下 6 小數乘法 6-2 一位小數乘以整數 **康軒**四下 5 小數乘法 5-1 一位小數×整數 **南一**四下 4 小數乘法 4-3 一、二位小數乘以二位整數	
26. 爸爸的腰圍標準嗎	透過生活情境，解決二位小數乘以二位整數的問題。	N-4-7 二位小數：位值單位「百分位」。位值單位換算。比較、計算與解題。用直式計算二位小數的加、減與整數倍。	**翰林**四下 6 小數乘法 6-3 二位小數乘以整數 **康軒**四下 5 小數乘法 5-2 二位小數×整數 **南一**四下 4 小數乘法 4-3 一、二位小數乘以二位整數	

附錄三 「量與實測」各題之評量目標與對應各版本單元內容

題目名稱	評量目標	對應學習內容	對應單元	備註
27. 奇妙的三角板	利用三角板上的三個角,正確畫出指定的角度。	N-4-10 角度:「度」(同S-4-1)。量角器的操作。實測、估測與計算。以角的合成認識180度到360度之間的角度。「平角」、「周角」。指定角度作圖。	**翰林**四上 3 角度 3-2 測量與畫角 **康軒**四上 3 角度 3-3 銳角、直角、鈍角和平角 **南一**四上 3 角度 3-6 角度的計算	
28. 遊樂園	解決生活中長度的合成與分解問題,並判斷直式計算的合理性。	N-4-9 長度:「公里」。生活實例之應用。含其他長度單位的換算與計算。	**翰林**四上 5 公里 5-3 長度的計算 **康軒**四上 7 長度 7-2 公里和公尺的加減計算 **南一**四上 10 長度 10-4 公里和公尺的計算	
29. 馬拉松	能理解公里與公尺減法退位的直式計算。	N-4-9 長度:「公里」。生活實例之應用。含其他長度單位的換算與計算。	**翰林**四上 5 公里 5-3 長度的計算 **康軒**四上 7 長度 7-2 公里和公尺的加減計算 **南一**四上 10 長度 10-4 公里和公尺的計算	

題目名稱	評量目標	對應學習內容	對應單元	備註
30. 面積有多大	認識平方公尺,並進行面積的比較。	N-4-11 面積:「平方公尺」。實測、量感、估測與計算。	**翰林**四下 5 周長和面積 5-4 平方公尺與平方公分 **康軒**四下 4 周長和面積 4-4 認識1平方公尺 **南一**四下 6 周長和面積 6-3 周長和面積的關係	
31. 堆積木	透過累加活動,認識幾個1立方公分合起來就是幾立方公分。	N-4-12 體積與「立方公分」:以具體操作為主。體積認識基於1立方公分之正方體。	**翰林**四下 7 體積 7-2 認識立方公分 **康軒**四下 10 立方公分 10-3 認識立方公分 **南一**四下 9 體積 9-2 認識立方公分	
32. 分秒必爭	能做分和秒的整數化聚,並進行比較。	N-4-13 解題:日常生活的時間加減問題。跨時、跨午、跨日、24小時制。含時間單位換算。	**翰林**四下 9 時間的計算 9-3 小時、分鐘、秒的換算與計算 **康軒**四下 9 時間的計算 9-1 時間單位的換算 **南一**四下 8 時間的計算 8-1 時間的換算	

題目名稱	評量目標	對應學習內容	對應單元	備註
33. 立體劇場	解決生活中跨午時刻與時間的問題。	N-4-13 解題：日常生活的時間加減問題。跨時、跨午、跨日、24小時制。含時間單位換算。	**翰林**四下 9 時間的計算 9-4 跨午的時間計算 **康軒**四下 9 時間的計算 9-4 時刻與時間量的計算 **南一**四下 8 時間的計算 8-4 一段時間之前或之後的時刻	

附錄四 「關係」各題之評量目標與對應各版本單元內容

題目名稱	評量目標	對應學習內容	對應單元	備註
34. 周年慶	能以併式記法記錄先減再減兩步驟問題，並知道先算的要加括號。	R-4-1 兩步驟問題併式：併式是代數學習的重要基礎。含四則混合計算的約定（由左往右算、先乘除後加減、括號先算）。學習逐次減項計算。	**翰林**四上 8 兩步驟問題與併式 8-1 加與減 **康軒**四上 6 整數四則計算 6-1 加減兩步驟的併式 **南一**四上 8 整數四則 8-2 併式－有括號的先算	
35. 五顆蘋果的價錢	運用整數四則運算的約定，解決加除兩步驟併式的計算問題。	R-4-1 兩步驟問題併式：併式是代數學習的重要基礎。含四則混合計算的約定（由左往右算、先乘除後加減、括號先算）。學習逐次減項計算。	**翰林**四下 2 四則運算 2-1 先乘除後加減 **康軒**四上 6 整數四則計算活動 6-4 加減與除的併式 **南一**四上 8 整數四則 8-3 四則計算—先乘除後加減	
36. 作法一樣嗎	能理解先乘後除與先除後乘的結果相同。	R-4-2 四則計算規律（I）：兩步驟計算規則。加減混合計算、乘除混合計算。在四則混合計算中運用數的運算性質。	**翰林**四下 2 四則運算 2-4 四則運算的性質 **康軒**四下 6 整數四則計算活動 6-4 加減與除的併式 **南一**四上 8 整數四則 8-3 四則計算—先乘除後加減	

題目名稱	評量目標	對應學習內容	對應單元	備註
37. 教室裡的動動腦	理解正方形周長公式，並解決生活中的問題。	R-4-3 以文字表示數學公式：理解以文字和運算符號聯合表示的數學公式，並能應用公式。可併入其他教學活動（如S-4-3）。	**翰林**四下 5 周長和面積 5-1 長方形與正方形的周長 **康軒**四下 4 周長和面積 4-1 長方形、正方形的周長 **南一**四下 6 周長和面積 6-3 周長和面積的關係	
38. 迷宮	能觀察圖形之間的規律並進行推理。	R-4-4 數量模式與推理（II）：以操作活動為主。二維變化模式之觀察與推理，如二維數字圖之推理。奇數與偶數，及其加、減、乘模式。	**翰林**四下 10 規律 10-3 圖案的規律 **康軒**四下 7 數量規律 7-1 圖形的規律 **南一**四上 7 數量關係 7-2 形的規律	
39. 火車座位號碼	察覺奇數、偶數加法模式的變化。	R-4-4 數量模式與推理（II）：以操作活動為主。二維變化模式之觀察與推理，如二維數字圖之推理。奇數與偶數，及其加、減、乘模式。	**翰林**四下 10 規律 10-2 奇偶數的規律 **康軒**四下 7 數量規律 7-3 奇偶數的規律 **南一**四上 7 數量關係 7-3 奇偶的規律	

附錄五　「圖形與空間」各題之評量目標與對應各版本單元內容

題目名稱	評量目標	對應學習內容	對應單元	備註
40. 角度畫對了嗎	能正確報讀量角器上的刻度，並使用量角器畫角。	S-4-1 角度：「度」（同N-4-10）。量角器的操作。實測、估測與計算。以角的合成認識180度到360度之間的角度。「平角」、「周角」。指定角度作圖。	**翰林**四上 3 角度 3-2 測量與畫角 **康軒**四上 3 角度 3-2 測量角的大小和畫角 **南一**四上 3 角度 3-2 使用量角器量角和畫角	
41. 觀星賞月	理解旋轉角，並知道順時針方向與逆時針方向的意義。	S-4-2 解題：旋轉角。以具體操作為主，並結合計算。以鐘面為模型討論從始邊轉到終邊所轉的角度。旋轉有兩個方向：「順時針」、「逆時針」。「平角」、「周角」。	**翰林**四上 3 角度 3-3 旋轉角 **康軒**四上 3 角度 3-4 旋轉角 **南一**四上 3 角度 3-5 旋轉角	
42. 我說你猜	透過邊角的特徵認識等腰直角三角形。	S-4-7 三角形：以邊與角的特徵認識特殊三角形並能作圖。如正三角形、等腰三角形、直角三角形、銳角三角形、鈍角三角形。	**翰林**四上 7 三角形與全等 7-1 三角形的分類 **康軒**四上 5 三角形 5-3 以角分類三角形 **南一**四上 5 三角形 5-1 三角形的分類	

題目名稱	評量目標	對應學習內容	對應單元	備註
43. 香包的祕密	認識全等的意義，並利用對應邊、對應角、對應點相等進行判斷。	S-4-6 平面圖形的全等：以具體操作為主。形狀大小一樣的兩圖形全等。能用平移、旋轉、翻轉做全等疊合。全等圖形之對應角相等、對應邊相等。	**翰林**四上 7 三角形與全等 7-3 認識全等 **康軒**四上 5 三角形 5-5 全等圖形與全等三角形 **南一**四上 5 三角形 5-2 能以對應點、角和邊來描述三角形的全等	
44. 小傑畫的兩條線	理解平面上兩線平行的意義。	S-4-5 垂直與平行：以具體操作為主。直角是90度。直角常用記號。垂直於一線的兩線相互平行。平行線間距離處處相等。作垂直線；作平行線。	**翰林**四下 3 垂直、平行與四邊形 3-2 認識平行與做出平行線 **康軒**四下 1 四邊形 1-1 垂直和平行 **南一**四下 5 四邊形 5-1 垂直和平行	
45. 失落的一塊拼圖	以邊角特徵辨識菱形與長方形。	S-4-8 四邊形：以邊與角的特徵（含平行）認識特殊四邊形並能作圖。如正方形、長方形、平行四邊形、菱形、梯形。	**翰林**四下 3 垂直、平行與四邊形 3-3 認識四邊形家族 **康軒**四下 1 四邊形 1-2 認識各類四邊形 **南一**四下 5 四邊形 5-2 認識四邊形	

題目名稱	評量目標	對應學習內容	對應單元	備註
46. 小圖形大任務	依據給定的部分條件，畫出四邊形。	S-4-8 四邊形：以邊與角的特徵（含平行）認識特殊四邊形並能作圖。如正方形、長方形、平行四邊形、菱形、梯形。	**翰林**四下 3 垂直、平行與四邊形 3-3 認識四邊形家族 **康軒**四下 1 四邊形 1-3 分割四邊形及畫四邊形 **南一**四下 5 四邊形 5-4 繪製四邊形	
47. 草莓園	能運用正方形周長公式推算出邊長，並利用邊長解決長方形面積問題。	S-4-3 正方形與長方形的面積與周長：理解邊長與周長或面積的關係，並能理解其公式與應用。簡單複合圖形。	**翰林**四下 5 周長與面積 5-3 周長與面積 **康軒**四下 4 周長與面積 4-2 長方形、正方形的面積 **南一**四下 6 周長和面積 6-3 周長和面積的關係	
48. 體積一樣大嗎	認識1立方公分之正方體，並進行體積的點數與比較。	S-4-4 體積：以具體操作為主。在活動中認識體積的意義與比較。認識1立方公分之正方體，能理解並計數。正方體堆疊的體積。	**翰林**四下 7 體積 7-3 體積有多大 **康軒**四下 10 立方公分 10-3 認識立方公分 **南一**四下 9 體積 9-3 複合形體的體積	

附錄六 「資料與不確定性」各題之評量目標與對應各版本單元內容

題目名稱	評量目標	對應學習內容	對應單元	備註
49. 兒童節禮物	能理解省略符號在長條圖上所呈現的訊息，並正確報讀長條圖。	D-4-1 報讀長條圖與折線圖以及製作長條圖：報讀與說明生活中的長條圖與折線圖。配合其他領域課程學習製作長條圖。	**翰林**四上 10 統計圖表 10-1 報讀長條圖 **康軒**四上 10 統計圖 10-1 報讀生活中的統計圖 **南一**四下 1 統計圖表 1-1 認識長條圖	
50. 票選班服	透過長條圖與文字訊息推論未知的資料，繪製完成長條圖。	D-4-1 報讀長條圖與折線圖以及製作長條圖：報讀與說明生活中的長條圖與折線圖。配合其他領域課程，學習製作長條圖。	**翰林**四上 10 統計圖表 10-2 製作長條圖 **康軒**四上 10 統計圖 10-2 報讀與繪製長條圖 **南一**四下 1 統計圖表 1-4 繪製長條圖	

memo

memo

memo

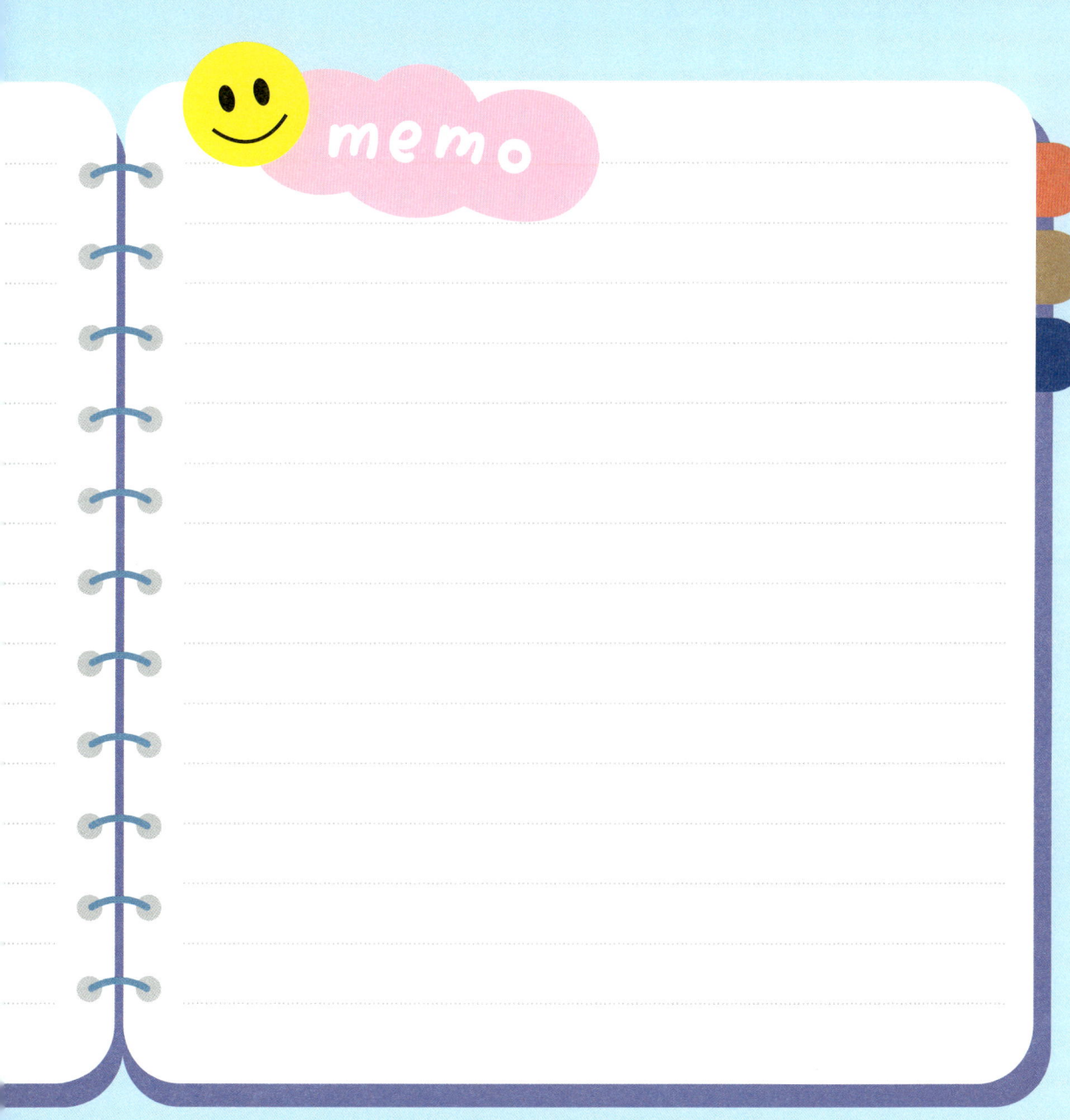

國家圖書館出版品預行編目(CIP)資料

國小數學思考與推理. 四年級：50道生活化趣味化的建構反應題，強化小學生的數學素養及促進學習／鍾靜，胡錦芳合著. -- 初版. -- 臺北市：五南圖書出版股份有限公司, 2025.03
　面；　公分. -- (學習高手；252)
ISBN 978-626-423-026-1 (平裝)

1.CST: 數學教育　2.CST: 教學設計　3.CST: 小學教學

523.32　　　　　　　　　　　　　　113019119

學習高手系列252

YI4J

國小數學思考與推理【四年級】

50道生活化趣味化的建構反應題，強化小學生的數學素養及促進學習

專書總策劃　－　鍾靜
作　　　者　－　鍾靜、胡錦芳
編輯主編　－　黃文瓊
責任編輯　－　陳俐君、李敏華
文字校對　－　陳俐君
封面設計　－　封怡彤
出　版　者　－　五南圖書出版股份有限公司
發　行　人　－　楊榮川
總　經　理　－　楊士清
總　編　輯　－　楊秀麗
地　　　址：106臺北市大安區和平東路二段339號4樓
電　　　話：(02) 2705-5066　傳　　真：(02) 2706-6100
網　　　址：https://www.wunan.com.tw
電子郵件：wunan@wunan.com.tw
劃撥帳號：01068953
戶　　　名：五南圖書出版股份有限公司
法律顧問　林勝安律師
出版日期　2025年3月初版一刷
定　　　價　新臺幣400元

※版權所有·欲利用本書內容，必須徵求本公司同意※

經典永恆・名著常在

五十週年的獻禮 —— 經典名著文庫

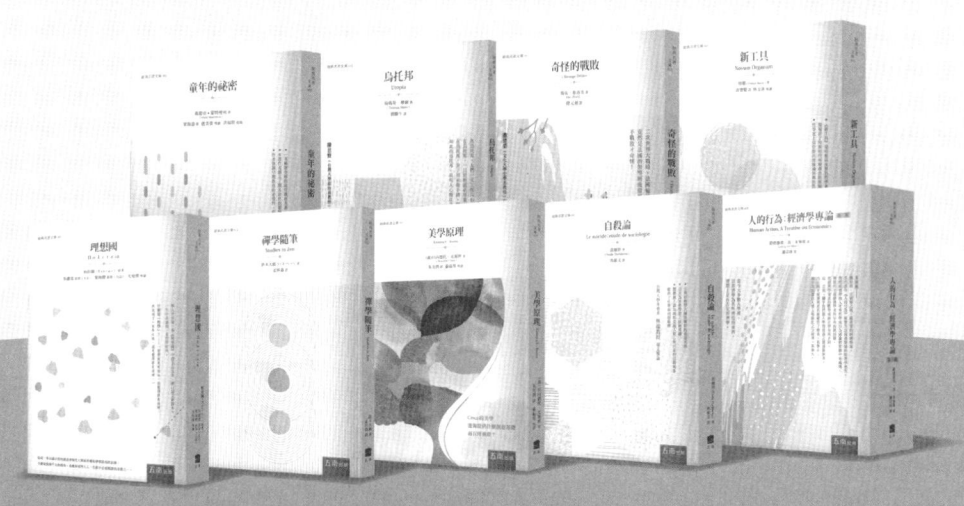

五南，五十年了，半個世紀，人生旅程的一大半，走過來了。
思索著，邁向百年的未來歷程，能為知識界、文化學術界作些什麼？
在速食文化的生態下，有什麼值得讓人雋永品味的？

歷代經典・當今名著，經過時間的洗禮，千錘百鍊，流傳至今，光芒耀人；
不僅使我們能領悟前人的智慧，同時也增深加廣我們思考的深度與視野。
我們決心投入巨資，有計畫的系統梳選，成立「經典名著文庫」，
希望收入古今中外思想性的、充滿睿智與獨見的經典、名著。
這是一項理想性的、永續性的巨大出版工程。
不在意讀者的眾寡，只考慮它的學術價值，力求完整展現先哲思想的軌跡；
為知識界開啟一片智慧之窗，營造一座百花綻放的世界文明公園，
任君遨遊、取菁吸蜜、嘉惠學子！